Umweltschutz in Bayern

Verw. VC '94

D1717774

**Bayerisches Staatsministerium für
Landesentwicklung und Umweltfragen**

Umweltschutz hat in Bayern seit langem als oberstes Staatsziel Verfassungsrang. Weil Umweltschutz seit über 20 Jahren auch zu den Schwerpunkten der Politik in Bayern zählt, ist es gelungen, einen international anerkannt hohen Standard zu erreichen.

Soll Umweltschutz auf Dauer wirksam bleiben, ist verantwortungsbewußtes Verhalten jedes einzelnen Bürgers und aller gesellschaftlichen Gruppen gefragt. Auch engagierter Meinungsaustausch, gutgemeinte Anregungen und konstruktive Kritik sollten nicht fehlen.

Als einen Beitrag zu dieser Diskussion versteht das bayerische Staatsministerium für Landesentwicklung und Umweltfragen diese Information über Stand und Entwicklung der Umweltsituation in Bayern sowie über Ziele und Ergebnisse staatlichen Umwelthandelns der vergangenen vier Jahre.

Inhaltsverzeichnis

A Grundlagen des bayerischen Umweltschutzes

A 1 Ziele

Umwelt und Entwicklung miteinander zu vereinbaren, Ökonomie und Ökologie zu versöhnen, umweltverträgliche Formen des Wirtschaftens zu schaffen und unter Sicherung der natürlichen Lebensgrundlagen qualitative Fortschritte zu erzielen, ist eine Daueraufgabe der Politik, in Bayern schon seit langem Staatsziel. Was in Bayern insbesondere seit Gründung des Bayerischen Staatsministeriums für Landesentwicklung und Umweltfragen im Jahre 1970 bei der Erhaltung von gesunder Luft und sauberem Wasser, bei der Sanierung vergifteter Böden sowie beim Schutz und der Pflege von Natur und Landschaft geleistet wurde, kommt heute Mensch und Natur gleichermaßen zugute, erweist sich aber auch als gewichtiger Standortvorteil. Gerade in wirtschaftlich schwieriger Zeit hat Umweltqualität besonderen Stellenwert.

Umweltvorsorge und Umweltschutz werden in der bayerischen Politik weiterhin eine entscheidende Rolle spielen. Wichtige Orientierung gibt dabei nach wie vor die Fortschreibung 1990 des Umweltprogramms. Deren grundlegende Zielfestlegungen schließen ein:

1. Schutzziele

1.1 Schutz von Leben und Gesundheit der Bürger

Oberstes Ziel der Umweltpolitik der Staatsregierung ist es, Leben und Gesundheit der Bürger jetzt und in der Zukunft vor Schäden durch Umweltbelastungen zu bewahren.

1.2 Schutz der natürlichen Lebensgrundlagen

Die Leistungsfähigkeit des Naturhaushalts zu erhalten und dort, wo das Gleichgewicht gestört ist, wiederherzustellen sowie die Schonung der natürlichen Ressourcen Luft, Wasser und Boden als Grundlagen allen Lebens und die Vorsorge gegen nachteilige Veränderungen sind zentrale Schutzziele bayerischer Umweltpolitik.

Hohe Rhön – ein Naturraum hoher Qualität

Arten- und Biotopschutz

Ziel der Staatsregierung ist es, die Lebensräume der heimischen Tier- und Pflanzenarten, insbesondere der seltenen oder in starkem Rückgang befindlichen Arten sowie deren Lebensgemeinschaften dauerhaft zu sichern und vor Eingriffen zu bewahren.

Schutz des Bodens

Der Boden muß künftigen Generationen als Lebensgrundlage erhalten bleiben. Ziele der am Vorsorgegedanken orientierten bayerischen Bodenschutzpolitik sind deshalb,

- Stoffeinträge zu vermindern oder zu vermeiden,
- Erosion und Strukturveränderungen zu minimieren,

- beim Flächenverbrauch sparsam zu sein und unvermeidbare Flächennutzungen optimal zuzuordnen,
- Schäden bei der Nutzung des tieferen Untergrunds zu vermeiden,
- Bodenschätze flächensparend abzubauen,
- Bodenschätze unter Ausnutzung von Ersatzstoffen und Wiedergewinnungsmöglichkeiten sparsam zu verbrauchen,
- Böden flächendeckend zu erfassen und langfristig zu beobachten.

Gewässerschutz

Zielvorstellung der bayerischen Gewässerschutzpolitik ist insbesondere,

- gefährliche, insbesondere naturfremde Stoffe weitgehend zu vermeiden und vom Wasserkreislauf fernzuhalten,
- die Belastung des Wassers durch abbaubare Stoffe weiter zu vermindern,
- den Anteil der Fließgewässer, die mindestens „Gewässergüteklasse II – mäßig belastet" erreichen, weiter zu steigern,
- den Anschlußgrad an zentrale Kläranlagen (derzeit rund 85%) der bayerischen Bevölkerung weiter zu erhöhen,
- ältere Kläranlagen zu sanieren und an die gestiegenen Reinigungsanforderungen anzupassen,
- durch flächendeckenden, vorbeugenden Schutz die lebenswichtige Ressource Grundwasser uneingeschränkt für kommende Generationen zu bewahren,
- zur Sicherung der Trinkwasserversorgung von heute und morgen die bekannten diffusen Belastungen, insbesondere Nitrat und Pflanzenschutzmittel, nachhaltig zu minimieren.

Schutz vor Luftverunreinigungen

Neben der Verminderung der Emissionen aus industriellen und gewerblichen Anlagen nach dem Vorsorgeprinzip bildet künftig insbesondere der Rückgang der Luftverschmutzung als Folge des Straßenverkehrs einen besonderen Schwerpunkt der Bemühungen. Verstärkte Anstrengungen gelten außerdem

– der Verringerung der großräumigen Ozonbildung,

– den Schadstoffwirkungen in Innenräumen,

– der länderübergreifenden Kooperation zur Verminderung der grenzüberschreitenden Luftverschmutzung.

2. Gestaltungsziele

2.1 Umweltgerechtes Wirtschaften

Der Ausgleich von Ökonomie und Ökologie gehört zu den wichtigsten umwelt- und wirtschaftspolitischen Daueraufgaben. Ziel der Staatsregierung ist es, Bayern als fortschrittlichen Industriestaat in Europa weiterzuentwickeln, gleichzeitig aber die natürlichen Lebensgrundlagen und eine gesunde Umwelt auf Dauer zu sichern. Dazu müssen die Produktions- und Konsumstrukturen möglichst umfassend in dauerhafte, umweltgerechte und zukunftsverträgliche Bahnen gelenkt werden. Das Emissionsniveau darf die Regenerationsfähigkeit des Ökosystems nicht überfordern. Qualitatives Wachstum hat Priorität, d.h. solchen nachhaltigen Produktions- und Konsumzuwächsen gebührt Vorrang, die mit geringerem oder zumindest nicht ansteigendem Verbrauch an nicht vermehrbaren oder nicht regenerierbaren Ressourcen sowie abnehmenden oder zumindest nicht zunehmenden Umweltbelastungen erwirtschaftet werden. Wachstum und Umweltverbrauch müssen entkoppelt werden. Die ökologische Komponente in der sozialen Marktwirtschaft ist weiter auszubauen. Auf betrieblicher Ebene ist die Staatsregierung bestrebt, möglichst viele Unternehmen für eine systematische umweltbewußte Unternehmensführung zu gewinnen.

2.2 Umweltbewußter Konsum

Möglichst viele Bürger – so die Zielsetzung – sollten bereit und auch in der Lage sein, im eigenen Lebensbereich unmittelbar zur Verringerung der Umweltbelastungen beizutragen. Dazu gehören umweltbewußter Einkauf, umweltorientiertes Verhalten in Haushalt und Garten sowie umweltverträgliches Verkehrs- und Freizeitverhalten. Die angestrebte verstärkte Umweltberatung für Privathaushalte, eingebunden in das Konzept „Umweltberatung Bayern", leistet hier-

Ausflug mit dem Fahrrad – umweltverträglich und erholsam

bei maßgebliche Unterstützung. Zur Lösung der Konflikte, die sich aus dem Trend zu naturnahen Freizeitaktivitäten und den damit verbundenen Umweltbelastungen ergeben, tritt die Staatsregierung zum Wohle des Menschen für einen Schutz der Natur vor dem Menschen ein.

A 2 Grundsätze

Die bayerische Umweltpolitik läßt sich bei der Verwirklichung ihrer Ziele von den folgenden umweltpolitischen Prinzipien leiten:

1. Vorsorgeprinzip

Der Vorsorgegedanke ist der zentrale Grundsatz der bayerischen Umweltpolitik. Er verlangt über die Schadensbeseitigung und Gefahrenabwehr hinaus eine dauerhafte Risikominderung und eine vorausschauende Gestaltung menschlicher Lebensformen, um die natürlichen Lebensgrundlagen zu schützen und Freiräume für die Entfaltung zukünftiger Generationen zu erhalten.

2. Verursacherprinzip

Die Verursacher von Umweltbelastungen dürfen aus ihrer wirtschaftlichen, rechtlichen und moralischen Verantwortung für die Behebung von Schäden und vor allem für die Vermeidung oder Verminderung von Umweltbelastungen nicht entlassen werden. Nur solange und soweit die Verursacher die Kosten der von ihnen verursachten Umweltbelastung tragen, bildet sich auch ein wirtschaftliches Eigeninteresse am Umweltschutz.

3. Kooperationsprinzip

Staatliche Umweltpolitik allein kann die anstehenden Probleme nicht lösen. Die Staatsregierung setzt deshalb bei der Verwirklichung ihrer umweltpolitischen Ziele soweit wie möglich auf die eigenverantwortliche Mitarbeit aller gesellschaftlichen Gruppierungen.

4. Vorrang der Ökologie bei wesentlichen und langfristigen Beeinträchtigungen

Die Ziele der Umweltpolitik und anderer politischer Bereiche sind grundsätzlich gleichwertig. Bei Konflikten zwischen Raumnutzungsansprüchen und ökologischer Belastbarkeit ist den ökologischen Belangen allerdings dann der Vorrang einzuräumen, wenn eine wesentliche und langfristige Beeinträchtigung der natürlichen Lebensgrundlagen droht.

A 3 Instrumente

Die Umweltpolitik verfügt über eine Vielzahl von Instrumenten, mit denen auf ein umweltschonendes Verhalten der verschiedenen Verursacher von Umweltbelastungen hingewirkt werden kann. Die Bandbreite reicht von umweltplanerischen Instrumenten über das Ordnungsrecht und ökonomische Anreize bis hin zu Information, Beratung und Umwelterziehung.

1. Umweltvorsorge durch Planung

1.1 Raumordnung und Landesplanung

Die Landes- und Regionalplanung leistet durch vorausschauende Koordinierung raumbedeutsamer Planungen und Maßnahmen einen wesentlichen Beitrag zum vorbeugenden Umweltschutz sowie zur Verbesserung und Wiederherstellung unserer natürlichen Lebensgrundlagen. Konkurrierende Nutzungsansprüche an Raum und Umwelt, z.B. von Siedlungswesen, Land- und Forstwirtschaft, gewerblicher Wirtschaft, Erholung, Energiewirtschaft, Verkehr und Abfallwirtschaft, werden untereinander und mit den Belangen von Natur und Landschaft, des Gewässer- und Bodenschutzes sowie der Luftreinhaltung und des Lärmschutzes abgestimmt. Damit sollen Umweltbeeinträchtigungen von vornherein so weit wie möglich vermieden werden. Wesentliche Aufgabe der Landes- und Regionalplanung war es zunächst, unter Wahrung einer räumlich ausgewogenen Siedlungsentwicklung die öffentliche und private Infrastruktur unter Beachtung der natürlichen Vielfalt und Schönheit Bayerns auszubauen und zur Schaffung gleichwertiger Lebens- und Arbeitsbedingungen landesweit eine ausgewogene Versorgung zu sichern. Dies ist in Bayern weitgehend erreicht. Heute und in Zukunft werden durch die stärkere Gewichtung ökologischer Belange innerhalb der räumlichen Entwicklung neue Akzente gesetzt. Besonders wichtige Grundsätze sind dabei,

- die Inanspruchnahme freier Flächen auf das unvermeidbare Maß zu reduzieren,
- ökologisch wertvolle Bereiche in der Siedlungslandschaft und in der freien Landschaft zu erhalten und neue Flächen für Naturschutz und Landschaftspflege bereitzustellen,

- die Funktionsfähigkeit der Böden zu erhalten,
- die lufthygienische Situation zu verbessern und
- die Gewässer reinzuhalten.

Das raumordnerische Vorsorgeprinzip zugunsten des Umweltschutzes wird insbesondere auf zwei Ebenen verwirklicht: in Programmen und Plänen sowie durch Überprüfung einzelner Vorhaben in Raumordnungsverfahren.

Landesentwicklungsprogramm

In der Gesamtfortschreibung des Landesentwicklungsprogramms, die am 1. März 1994 in Kraft getreten ist, wurde die Ökologie als „durchgängiges Prinzip" zur Sicherung der natürlichen Lebensgrundlagen bereits in der Präambel und in allen weiteren Bereichen verstärkt gewichtet. Die besondere Bedeutung, die dem Umweltschutz für die Erhaltung eines intakten Lebensumfeldes und als wichtiger ökonomischer Standortfaktor zukommt, findet darin ihren Ausdruck.

Im überfachlichen Teil gründet u.a. die Festlegung von Stadt- und Umlandbereichen und des Alpenraumes als neue Gebietskategorien auch auf besonderen ökologischen Bezügen: Spezifische Ziele für diese Teilräume stellen nachdrücklich ab auf die Erhaltung und Pflege von Natur und Landschaft, insbesondere von Freiräumen, sowie auf die Anforderungen des technischen Umweltschutzes.

Die Umweltfachkapitel wurden durch neue Ziele (z.B. Ausweisung regionaler Grünzüge durch die Regionalplanung, Betonung des ökologischen Verbundsystems im Kapitel „Natur und Landschaft") erweitert und um neue raumbedeutsame konzeptionelle Ansätze (z.B. zur Abfallentsorgung im Kapitel „Technischer Umweltschutz" aktualisiert bzw. ergänzt. Die Anliegen des Natur- und Umweltschutzes als durchgängiges Prinzip sind darüber hinaus auch in anderen Fachkapiteln – so z.B. Siedlungswesen, Land- und Forstwirtschaft, gewerbliche Wirtschaft, Erholung, Verkehr, Energie und Wasserwirtschaft – verstärkt gewichtet worden. Der Teilabschnitt „Erholungslandschaft Alpen" hat sich weiterhin als besonders wirksames landesplanerisches Instrument zur Beurteilung der Zulässigkeit von Verkehrserschließungs-

Erholungslandschaft Alpen (verkleinerter Auszug)

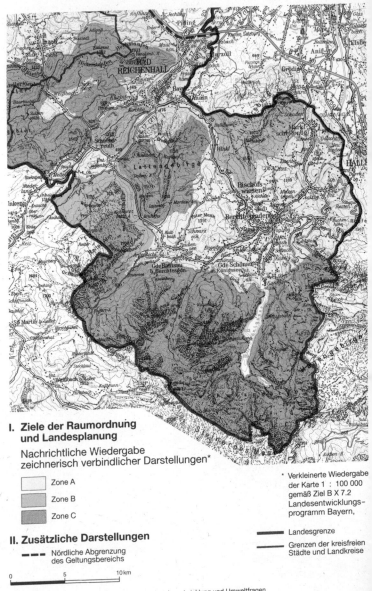

I. Ziele der Raumordnung und Landesplanung

Nachrichtliche Wiedergabe
zeichnerisch verbindlicher Darstellungen*

Zone A

Zone B

Zone C

II. Zusätzliche Darstellungen

- - - Nördliche Abgrenzung
des Geltungsbereichs

0   5   10 km

* Verkleinerte Wiedergabe
der Karte 1 : 100 000
gemäß Ziel B X 7.2
Landesentwicklungs-
programm Bayern,

━━━ Landesgrenze

━━━ Grenzen der kreisfreien
Städte und Landkreise

Herausgeber: Bayerisches Staatsministerium für Landesentwicklung und Umweltfragen

maßnahmen in Abhängigkeit von der ökologischen Belastbarkeit einzelner Teilräume des Alpengebietes erwiesen. In den drei Zonen des Gebietes gelten unterschiedliche Nutzungseinschränkungen. Die wirksamste Regelung zu Gunsten des Umweltschutzes wird in Zone C getroffen, die mit rd. 42% Flächenanteil am Alpengebiet die besonders schutzwürdigen Teilräume, insbesondere die großräumigen Naturschutzgebiete, umfaßt. Abgesehen von notwendigen landeskulturellen Maßnahmen sind in dieser Zone alle Vorhaben – z.B. neue Bergbahnen – landesplanerisch unzulässig.

Fachliche Programme und Pläne

Die fachlichen Programme und Pläne nach Art. 15 Landesplanungsgesetz sind weitere planerisch-konzeptionelle Instrumente zur ergänzenden Steuerung räumlicher Entwicklungen in bestimmten Fachbereichen. Unmittelbar auf Umweltbelange ausgerichtet sind insbesondere

– die Landschaftsrahmenpläne für die Nationalparke Berchtesgaden und Bayerischer Wald (derzeit in Ausarbeitung) und

– die Waldfunktionspläne, die als forstliche Rahmenplanung neben den wirtschaftlichen auch die Schutz-, Erholungs- und Sonderfunktionen des Waldes in den Regionen darstellen.

Regionalplanung

Die einschlägigen Vorgaben und Aufträge des Landesentwicklungsprogramms an die Regionalplanung zum Schutz der natürlichen Lebensgrundlagen wurden bei der Aufstellung aller 18 Regionalpläne umgesetzt. Mit zahlreichen umweltsichernden Zielen enthalten die Regionalpläne sachgerechte verbindliche Konzepte zur räumlichen Umweltvorsorge und zur Zuordnung u.a. von Siedlung, Freiraum, Erholung und Verkehr. Dazu gehören insbesondere die Ausweisung von

– landschaftlichen Vorbehaltsgebieten zur Sicherung von Belangen des Naturschutzes und der Landschaftspflege,

– Waldgebieten, die zu Bannwald erklärt werden sollen,

- regionalen Grünzügen zur Sicherung und Stabilisierung der natürlichen Ressourcen,
- Vorrang- und Vorbehaltsgebieten zur Sicherung und Ordnung der Gewinnung von Bodenschätzen,
- wasserwirtschaftlichen Vorranggebieten zur Sicherung von Trinkwasservorkommen und
- Lärmschutzbereichen zur Lenkung der Bauleitplanung in der Umgebung von Flughäfen bzw. Flugplätzen als Vorsorge gegen unzumutbare Lärmbelastungen der Bevölkerung.

Teilraumgutachten und grenzüberschreitende Entwicklungskonzepte

Teilraumgutachten enthalten fachübergreifende Ordnungs- und Entwicklungskonzepte. Als neues Instrument bayerischer Landes- und Regionalplanung sollen sie zu integrierter, nachhaltiger Regionalentwicklung beitragen. Aspekte des Umweltschutzes bzw. der Konfliktbewältigung zwischen unterschiedlichen Raumnutzungsansprüchen standen bei den bisher vorliegenden 15 Gutachten regelmäßig im Mittelpunkt der kommunal abgestimmten Lösungen. Den Vorschlägen für Möglichkeiten einer nachhaltigen Entwicklung liegen Ermittlungen zur ökologischen Tragfähigkeit der Teilräume zugrunde. Die Gutachten dienen als Grundlage für die Fortschreibung der Regionalpläne sowie als Hilfestellung zur Lösung spezifischer kommunaler und fachlicher Probleme der untersuchten Teilräume. Beispiele für kürzlich abgeschlossene Gutachten sind das „Fachübergreifende Konzept für das Umland des neuen Flughafens München" und die Teilraumgutachten für die Räume Kelheim bzw. Sulz- und unteres Altmühltal.

Auch die grenzüberschreitenden Entwicklungskonzepte stellen darauf ab, daß der ökologischen Tragfähigkeit und dem Prinzip nachhaltiger Regionalentwicklung gleichermaßen Rechnung getragen wird. Über die Erarbeitung des Gutachtenteils hinaus werden in enger Kooperation mit den zuständigen Stellen bereits umsetzungsreife Projekte unmittelbar initiiert und verwirklicht. Drei teilräumliche Entwicklungskonzepte vertiefen das für den gesamten bayerisch/ tschechischen Grenzraum in Zusammenarbeit mit dem Tsche-

⚓ **MaB International Pilot Projekt**

**Entwicklungskonzept Bayerischer Wald/Böhmerwald
(Sumava)/Mühlviertel** (Ausschnitt)

Einteilung des Untersuchungsraumes in Gebiete unterschiedlicher
Entwicklungsvorstellungen

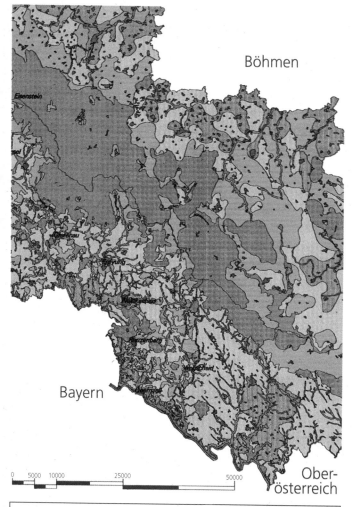

Quelle: Planungsbüro Dr. Schaller/TERPLAN/Amt der oberösterreichischen Landesregierung
Herausgeber: Bayerisches Staatsministerium für Landesentwicklung und Umweltfragen

chischen Ministerium für Wirtschaftspolitik und Entwicklung erstellte gemeinsame grenzüberschreitende Gesamtkonzept:

- im Norden das trilaterale Entwicklungskonzept für das Dreiländereck Bayern-Böhmen-Sachsen,
- in der Mitte ein bilaterales Entwicklungskonzept für die bayerischen Landkreise Schwandorf und Cham sowie den tschechischen Landkreis Taus und
- im Süden das trilaterale Entwicklungskonzept Bayerischer Wald, Böhmerwald und Mühlviertel. Die UNESCO hat dieses primär auf die Gesichtspunkte Natur und Landschaft, Landwirtschaft und Fremdenverkehr ausgerichtete Konzept als Internationales MAB (man and the biosphere)-Pilotprojekt anerkannt. Sie erwartet sich davon beispielhafte Ansätze für andere Regionen.

Ferner wird derzeit zum Biosphärenreservat Rhön – gemeinsam mit den Ländern Hessen und Thüringen – ein Rahmenkonzept mit Aussagen zur Gebietszonierung, regionalen Entwicklung und zu Umweltgesichtspunkten erarbeitet.

Raumordnungsverfahren

Das Raumordnungsverfahren, bekannt als effektives Instrument der Landesplanung zur Prüfung von überörtlich raumbedeutsamen Einzelvorhaben auf ihre Vereinbarkeit mit den Erfordernissen der Raumordnung, dient zugleich dem vorbeugenden Umweltschutz. Die Prüfung der wesentlichen überörtlichen Auswirkungen eines Vorhabens u.a. auf die Umwelt verhilft bereits in einem frühen Planungsstadium – ggf. zu mehreren Standort- oder Trassenvarianten – zu Erkenntnissen darüber, wie Eingriffe in schützenswerte Bereiche vermieden, vermindert oder ausgeglichen werden können. Schon seit der Durchführungsbekanntmachung von 1984 erfüllt das Raumordnungsverfahren die Funktion der raumordnerischen Umweltverträglichkeitsprüfung. Diese raumordnerische Prüfung der Umweltverträglichkeit muß sich allerdings – entsprechend der Aufgabe der Raumordnung – notwendigerweise auf überörtlich raumbedeutsame Umweltauswirkungen beschränken.

Bundesbahn-Neubaustrecke nördlich Würzburg: Aktiver
Lärmschutz und Biotop als Ausgleich für Landschaftseingriffe

Aktuelle Beispiele aus jüngster Zeit sind die von der obersten Landesplanungsbehörde durchgeführten Raumordnungsverfahren für die von der Deutschen Bundesbahn geplanten ICE-Strecken München-Nürnberg und Nürnberg-Landesgrenze Thüringen. Sie erwiesen sich insbesondere im Hinblick auf die Bedeutung und den Umfang der mit mehreren Varianten geplanten Vorhaben als besondere Herausforderung für die Landesplanung. In den Verfahren ist es gelungen, mit umfangreichen Maßgaben zur Umweltverträglichkeit einschließlich der Trassenoptimierung Beeinträchtigungen, wie sie die ursprünglichen Planungen zur Folge gehabt hätten, erheblich zu verringern. Ferner wurde die Bahn, soweit Eingriffe und Auswirkungen der Vorhaben unvermeidbar waren, mit weiteren Maßgaben zu umfangreichen Ausgleichs- und Ersatzmaßnahmen bzw. Vorsorgemaßnahmen u.a. in den Bereichen Natur und Landschaft bzw. Lärm- und Erschütterungsschutz verpflichtet.

Seit dem 1. Mai 1993 gilt für die Durchführung von Raumordnungsverfahren eine mit 6 Monaten verhältnismäßig knapp bemessene Frist. Als Folge davon haben sich die Landesplanungsbehörden besonders auf die im Raumordnungsverfahren wesentlichen Gesichtspunkte zu konzentrieren. Der bisherige Standard bei der Prüfung der Auswirkungen eines Vorhabens auf die Umwelt im Raumordnungsverfahren wird jedoch nicht gemindert.

1.2 Bauleitplanung

Wichtiges Instrument vorsorgender Umweltpolitik auf kommunaler Ebene ist die gemeindliche Bauleitplanung. Die Aufstellung von vorbereitenden Bauleitplänen (Flächennutzungsplänen) und verbindlichen Bauleitplänen (Bebauungsplänen) soll eine geordnete städtebauliche Entwicklung gewährleisten. Dabei kommt der Sicherung einer menschenwürdigen Umwelt und dem Schutz der natürlichen Lebensgrundlagen besondere Bedeutung zu. Verantwortungsbewußte Planung muß z.B. die Zersiedelung der Landschaft verhindern und den Landschaftsverbrauch auf das notwendige Maß beschränken. Durch eine sinnvolle Zuordnung der unterschiedlichen Nutzungen zueinander lassen sich viele Umweltkonflikte von vornherein vermeiden. Hierzu steht den Gemeinden das Planungsinstrument der Landschafts- und Grünordnungspläne zur Verfügung. Da die Bauleitplanung den Zielen der Raumordnung und Landesplanung anzupassen ist, werden überörtliche Umweltbelange und Zielvorgaben auf kommunaler Ebene umfassend berücksichtigt und umgesetzt.

2. Ordnungsrechtliche Instrumente

Ordnungsrechtliche Instrumente der Umweltpolitik sind insbesondere staatliche Ge- und Verbote. Es kann sich dabei um Grenzwerte und sonstige Auflagen im Rahmen zwingender Genehmigungsverfahren für Anlagen oder um Qualitätsanforderungen für Produkte (Produktstandards) handeln. Das Ordnungsrecht ist als das „klassische" umweltpolitische Instrument auch in Zukunft unentbehrlich.

Auf manchen Gebieten haben die ordnungsrechtlichen Anforderungen im deutschen Umweltschutz allerdings bereits ein Niveau erreicht, das wesentliche Verschärfungen in nächster Zeit weder notwendig noch wirtschaftlich vertretbar erscheinen läßt. Die Staatsregierung wendet sich gegen überzogenen Regelungsperfektionismus. Sie überprüft vielmehr das bestehende Ordnungsrecht auf Vereinfachungsmöglichkeiten und setzt sich insbesondere für eine Beschleunigung und Entschlackung der Genehmigungsverfahren ein.

3. Ökonomische Instrumente

Die wichtigsten ökonomischen Instrumente sind Umweltsubventionen und Umweltabgaben sowie das Umwelthaftungsrecht. Sie können freiwillige Eigeninitiativen im Umweltschutz, die über das rechtsverbindlich vorgeschriebene Maß hinausgehen, durch wirtschaftliche Anreize fördern und anregen. „Umweltschutz durch Eigennutz" ist die einprägsame Formel dafür.

Im Interesse einer langfristigen und nachhaltigen Umweltvorsorge, die sich nicht auf die Abwehr akuter Gefahren für Mensch und Umwelt beschränkt, bedarf das Ordnungsrecht der Ergänzung durch die ökonomischen Instrumente, so daß verstärkt auch Marktmechanismen für den Umweltschutz wirken können.

Öffentliche Finanzierungshilfen

Um finanzielle Engpässe, die einer zügigen Durchführung von Umweltschutzmaßnahmen entgegenstehen, zu vermeiden und um wirtschaftliche Anreize zur Unterstützung umweltfreundlicher technischer Entwicklungen wie auch naturschonender Landbewirtschaftung zu geben, werden auf EG-, Bundes- und Landesebene Investitions- und Innovationshilfen gewährt und zwar sowohl an Unternehmen, insbesondere des Mittelstandes, als auch an Kommunen und Bürger. Ein besonderer Schwerpunkt der Förderung liegt bei der Einführung sog. integrierter Umweltschutztechniken. Das Staatsministerium für Landesentwicklung und Umweltfragen gibt in der „Förderfibel Umweltschutz" (3. Auflage) einen

Überblick über die vielfältigen Fördermöglichkeiten für gewerbliche Unternehmen.

Umweltabgaben

Im Zentrum der allgemeinen Diskussion zu „mehr Markt im Umweltschutz" standen bisher die Umweltabgaben. Sie sollen der Umwelt aufgebürdete Belastungen teurer und damit wirtschaftlich unattraktiv machen. Ein solcher ökonomischer Lenkungseffekt ist umweltpolitisch durchaus wünschenswert. Er darf aber nicht zur Vernachlässigung der budgetären und der sozialen Funktionen des Abgaben- und Steuersystems führen: Zum einen sind Umweltabgaben genau auf ihre sozialen Verteilungswirkungen zu untersuchen; zum anderen sind sie als beständige und sichere Grundlage für die Finanzierung der öffentlichen Ausgaben kaum geeignet.

Hinzu kommt, daß sich die Steuer- und Abgabenquote in der Bundesrepublik bereits auf einem hohen Niveau befindet. Sie sollte daher nicht noch weiter gesteigert werden: Bei jeder Abgabenlösung ist eine aufkommensneutrale Gestaltung erforderlich. Das Steuer- und Abgabensystem muß außerdem überschaubar, der Aufwand für Bürger und Verwaltung in angemessenen Grenzen bleiben.

Eine ökologische Steuerreform im Sinne einer tiefgreifenden Umstrukturierung des bundesdeutschen Steuer- und Abgabensystems, bei der Steuern auf Umweltverbrauch bzw. –belastung die klassischen Steuern auf Einkommen, Vermögen, Umsatz usw. ersetzen, ist deswegen nicht sinnvoll. Dagegen können ökologisch kontraproduktive Regelungen im Steuerrecht abgeschafft und ausgewählte ökologische Lenkungselemente eingebaut werden. Ein Gutachten des Münchner Ifo-Instituts für Wirtschaftsforschung aus dem Jahre 1993, das im Auftrag u.a. des Bayerischen Umweltministeriums erstellt wurde, bestätigt ausdrücklich diese Auffassung.

Umwelthaftung

Seit 1991 ist das Umwelthaftungsgesetz des Bundes in Kraft. Es begründet eine Gefährdungshaftung, erweitert die Rechte der Geschädigten und ermöglicht eine effektivere Durchsetzung ihrer Ansprüche. Damit wird das Verursacherprinzip umgesetzt und das wirtschaftliche Eigeninteresse der Verantwortlichen an einer Risikominimierung gestärkt.

4. Kooperationsmodelle

Eine nachhaltige Wirtschaftsweise, die unsere Lebensgrundlagen langfristig schont, bedarf der Zusammenarbeit aller gesellschaftlichen Kräfte. Die Staatsregierung setzt sich daher mit Nachdruck für eine Kooperation von Bürgern, Wirtschaft und Staat ein.

Selbstverpflichtungen sowie Vereinbarungen zwischen Staat und Wirtschaft

Staatliche Regelungen sind verzichtbar, soweit sich umweltpolitische Ziele durch Selbstverpflichtungen oder Vereinbarungen mit der Wirtschaft erreichen lassen. Kooperative Lösungen können effizienter und für die Wirtschaft wie auch Verwaltung kostengünstiger sein. In diesem Zusammenhang ist besonders die Selbstverpflichtung der chemischen Industrie zu vorzeitiger Beendigung der FCKW-Produktion zu nennen. Im Bereich der Waschmittel beruht ein erheblicher Teil der umweltrelevanten Fortschritte auf freiwilligen Vereinbarungen.

Umweltinformation und Umweltberatung

Im Bereich der Wirtschaft ist es das Ziel, möglichst viele Unternehmen für eine systematische umweltbewußte Unternehmensführung zu gewinnen. Diese Art der Unternehmensführung zeichnet sich dadurch aus, daß nicht nur gesetzliche Vorschriften und Auflagen erfüllt, sondern darüber hinaus freiwillige Umweltschutzmaßnahmen ergriffen werden und der Umweltschutz als eine ganzheitliche Unternehmensstrategie in allen betrieblichen Funktionsbereichen umgesetzt wird. Die Staatsregierung unterstützt derartige Bemühungen durch Hilfen zur Selbsthilfe. Die Entwicklung praxisnaher Umweltkonzepte in Form branchen- bzw. organisationsspezifischer Leitfäden hat sich dabei als sehr erfolgreich erwiesen. So zeigt z.B. der Leitfaden „Der umweltbewußte Hotel- und Gaststättenbetrieb", der 1993 in 2. Auflage erschienen ist, dem Praktiker anhand von über 300 Tips, wie man einen Betrieb umweltverträglich und wirtschaftlich zugleich führen kann. Weitere Branchenkonzepte sind erstellt bzw. in Vorbereitung.

Neben der Wirtschaft ist und bleibt auch die Aufklärung und Information des Bürgers in Umweltfragen eine Schwerpunktaufgabe. Mit einer Vielzahl von Broschüren, Ausstellungen und Veranstaltungen ist das Bayerische Umweltministerium bemüht, Verständnis für Umweltbelange zu wecken und Eigeninitiative zu unterstützen.

Umweltzeichen und Wettbewerbsaktionen

Unternehmen, die im Umweltschutz eine Vorreiterrolle übernehmen, sind bestrebt, dies auch den Verbrauchern zu vermitteln. Werbung und Informationspolitik der Unternehmen

Umweltzeichen „Blauer Engel": Hinweis auf umweltbezogene Produkteigenschaften

müssen jedoch auf objektiven Tatsachen beruhen und dürfen nicht irreführend sein. Um dies zu gewährleisten und die Marktchancen umweltfreundlicher Produkte oder Betriebe zu verbessern, wurden staatliche Umweltauszeichnungen geschaffen. Am bekanntesten ist der „Blaue Engel", den das Umweltbundesamt vergibt. Ein EG-Umweltzeichen kommt jetzt noch dazu. Im Interesse der Verbraucher und Unternehmen muß sichergestellt sein, daß die Vergabekriterien sachgerecht bestimmt werden und nicht eine Inflation öffentlicher und privater Umweltzeichen einsetzt.

Im Zusammenhang mit der Erarbeitung von Branchenkonzepten und Leitfäden können auch begleitende freiwillige Wettbewerbsaktionen das Interesse der Wirtschaft stimulieren. Ein Beispiel dafür ist der vom Bayerischen Umwelt- und vom Wirtschaftsministerium in Zusammenarbeit mit dem Bayer. Hotel- und Gaststättenverband, dem Landesfremdenverkehrsverband und der Arbeitsgemeinschaft der Bayerischen Industrie- und Handelskammern bisher zweimal gemeinsam veranstaltete Wettbewerb „Der umweltbewußte Hotel- und Gaststättenbetrieb".

Ein weiteres wichtiges Instrument ist die neue EG-Verordnung über die freiwillige Beteiligung an einem Gemeinschaftssystem für das Umweltmanagement und die Umweltbetriebsprüfung („EG-Umwelt-Audit"). Das Umwelt-Audit bringt wirtschaftliche Vorteile: Erste Erfahrungen deuten darauf hin, daß sich neben einem besseren Image beim Verbraucher auch Kosten einsparen, Haftungsrisiken minimieren sowie Mitarbeitermotivation erhöhen lassen. Die Staatsregierung setzt sich für eine unbürokratische, wirtschaftsnahe Handhabung und eine sachgerechte Konkretisierung der EG-Verordnung für bayerische Verhältnisse ein.

Gesellschaftsrechtliche Kooperation

Sinnvoll kann auch die Zusammenarbeit von Staat und Wirtschaft unter dem Dach gemeinsamer Gesellschaften sein. Dadurch ist eine ständige gegenseitige Abstimmung, die Nutzung des beiderseitigen Sachverstandes sowie eine umfassende Verantwortung sichergestellt. Bayern hat bei der Altlastensanierung, der Sondermüllentsorgung sowie der

Entsorgung schwach- und mittelradioaktiver Abfälle diesen Weg erfolgreich beschritten, der in anderen Ländern inzwischen Nachahmung gefunden hat. Seit 1970 existiert die GSB – Gesellschaft zur Entsorgung von Sondermüll in Bayern mbH, seit 1981 die Gesellschaft zur Behandlung radioaktiver Abfälle in Bayern mbH (GRB). 1989 folgte die Gründung der Gesellschaft zur Altlastensanierung in Bayern mbH (GAB).

5. Umwelterziehung und Umweltbildung

Ohne Umwelterziehung und Umweltbildung ist langfristig wirksamer Umweltschutz nicht vorstellbar. Umweltbewußtsein und umweltgerechtes Verhalten sind deshalb mit Nachdruck zu fördern.

Umwelterziehung hat mit der Veröffentlichung der bayerischen Leit- und Richtziele 1976 Eingang in den Unterricht gefunden. Neue Impulse hat die Umwelterziehung durch die am 8. Juni 1990 in Kraft getretenen „Richtlinien für die Umwelterziehung an den bayerischen Schulen" erfahren. Die Richtlinien tragen auch der Verfassungsänderung von 1984 Rechnung, mit der das „Verantwortungsbewußtsein für Natur und Umwelt" in die obersten Bildungsziele eingereiht wurde.

Auf der Grundlage der Richtlinien wurde die Umwelterziehung weiterhin konsequent in die Lehrpläne von der Grundschule bis zur Kollegstufe eingearbeitet. Umgesetzt werden die Richtlinien darüber hinaus im Rahmen der Lehrerfortbildung, der Erarbeitung von Handreichungen sowie von Modellversuchen.

An der Akademie für Lehrerfortbildung in Dillingen wurde ein fach- und schulartenübergreifendes Referat „Umwelterziehung" eingerichtet. Umwelterziehung ist seit 1987 fester Bestandteil des für alle Schularten verpflichtenden Schwerpunktprogramms für die gesamte Lehrerfortbildung in Bayern. Der Anteil umwelterzieherischer Angebote wurde entsprechend ausgeweitet. Für den Bereich der Grund-, Haupt- und Sonderschulen wurde 1992 ein vernetztes Fortbildungssystem für alle Ebenen der Fortbildung als Multiplikatorenprojekt entwickelt.

Schulgarten – Lehrbuch der Natur zum Anfassen

Die bisherigen umweltbezogenen Veröffentlichungen des Staatsinstituts für Schulpädagogik und Bildungsforschung wurden ergänzt um Handreichungen zur Umwelterziehung in der Grund- und Hauptschule (zwei Bände), zur Umwelterziehung für Schulleiter an den bayerischen Schulen sowie zur Umwelterziehung als Aufgabe der Berufsschule, dargestellt an Beispielen für fächerübergreifenden und projektorientierten Unterricht.

Umwelterziehung bedarf vor allem auch der konkreten Erfahrung und Beschäftigung mit dem heimatlichen Umfeld. Als geeignete Lernorte im Sinne der Richtlinien bieten sich hierzu besonders Aufenthalte in den als Umweltstudienzentren bzw. „Ökostationen" ausgewiesenen Jugendherbergen und Schullandheimen an. Zu den Umweltstudienplätzen Prien und Benediktbeuern wurde 1991 die Jugendherberge Waldhäuser als dritter Umweltstudienplatz des Landesverbandes Bayern des Deutschen Jugendherbergswerks eröffnet. Im September 1991 wurde ein dreijähriger, mit Bundes-

und Landesmitteln geförderter Modellversuch des Verbandes Deutscher Schullandheime „Umwelterziehung im Schullandheim – ökologischer Lern- und Erziehungsverbund" abgeschlossen.

Im Bereich der Hochschulausbildung bietet seit dem Wintersemester 1993/94 die Abteilung Triesdorf der Fachhochschule Weihenstephan mit dem neuen Studiengang „Umweltsicherung – Boden und Wasser" eine praxisorientierte Ausbildung zum Umweltingenieur an mit vertieften Kenntnissen in den Bereichen Boden, Wasser und Abfall.

Die Einrichtungen der Erwachsenenbildung haben auf das in den letzten Jahren sprunghaft gestiegene Interesse an Fragen des Umweltschutzes reagiert und ihr Angebot entsprechend erweitert. Das Bayerische Staatsministerium für Landesentwicklung und Umweltfragen hat diese Entwicklung zum Anlaß genommen, 1992 gemeinsam mit dem Staatsministerium für Unterricht, Kultus, Wissenschaft und Kunst eine Arbeitsgruppe mit Vertretern der außerschulischen Jugend- und Erwachsenenbildung in Bayern einzurichten. Deren Ziel ist es, ein Gesamtkonzept zur außerschulischen Umweltbildung in Bayern zu entwickeln. In einem ersten Schritt wurde 1993 eine Fachtagung zur Umweltbildung veranstaltet, deren Ergebnisse von den Trägern der Erwachsenenbildung bei ihren weiteren Arbeiten an dem Gesamtkonzept berücksichtigt werden.

A 4 Umweltvorsorge durch Grundlagenermittlung und Information

1. Umweltforschung

Das Vorsorgeprinzip bestimmt das Konzept der bayerischen Umweltforschung. Im Sinne vorsorgender Umweltpolitik sollen Lösungen gefunden werden, wie Umweltbelastungen bei Natur und Landschaft, Luft, Boden und Wasser von vornherein vermieden bzw. so niedrig wie möglich gehalten werden können.

Das Staatsministerium für Landesentwicklung und Umwelt-fragen vergibt dementsprechend Aufträge für Forschungs- und Entwicklungsvorhaben, deren Ergebnisse dazu beitragen sollen, daß politische und administrative Entscheidungen im Umweltschutz auf der Grundlage gesicherter wissenschaftlicher Erkenntnisse sachgerecht getroffen werden können.

Der Schwerpunkt der Umweltforschung lag in den letzten Jahren – wie schon zuvor – auf der ökologischen Grundlagenforschung. Der Stellenwert der Abfallwirtschaft hat bei der Vergabe von Forschungsaufträgen stark zugenommen. Hoher Forschungsbedarf bestand ferner in den Bereichen Kernenergie und Strahlenschutz sowie Umwelthygiene, Chemie, Umwelttechnologie und Gentechnik. Darüber hinaus wurden Fragen der Klimaänderung, der Waldschäden sowie der umweltverträglichen Energiegewinnung und -nutzung in Forschungs- und Entwicklungsvorhaben wissenschaftlich untersucht.

2. Umweltinformationssysteme

Wirksamer Umweltschutz braucht aktuelle und verläßliche Daten. Der Aufbau eines umfassenden Systems zur Beschreibung der Umweltsituation gehört deshalb zu den Schwerpunkten einer Umweltpolitik, die dem vorbeugenden Umweltschutz Vorrang einräumt.

Aus diesem Grund wird vom Bayerischen Umweltministerium unter Einbeziehung alle Verwaltungsebenen ein Informationssystem aufgebaut und fortgeschrieben, das der schnelleren Abwicklung der Verwaltungsaufgaben dient und sicherstellt, daß die jeweils benötigten Informationen zur Lösung von Umweltproblemen wie auch zur Bekanntgabe in der Öffentlichkeit zur Verfügung stehen. Eine interministerielle Arbeitsgruppe hat die Aufgabe, die vielfältigen Arbeiten staatlicher Stellen beim Aufbau umweltbezogener (Teil)Informationssysteme aufeinander abzustimmen. Die Federführung liegt beim Staatsministerium für Landesentwicklung und Umweltfragen.

3. Öffentliche Informationssysteme

Bildschirmtext-Informationssystem

Den Bürgern und der Wirtschaft soll der unmittelbare Zugang zu aktuellen umweltrelevanten Informationen eröffnet werden. Das Bildschirmtextsystem der Bundespost (Btx) ermöglicht die kostengünstige, landesweite Vermittlung von Informationsangeboten. Aus diesem Grunde wurde ein Btx-Informationssystem aufgebaut. Es schließt derzeit folgende Fachgebiete ein:

– Strahlenschutzvorsorge,

– Luftschadstoffe,

– Abfall und Umwelt,

– Landesentwicklung und Landesplanung,

– Pressemitteilungen, Bestellservice für Publikationen, Förderprogramme zum Umweltschutz und Veranstaltungsinformationen.

Seite aus dem Btx-Informationsangebot
Messung von Luftschadstoffen

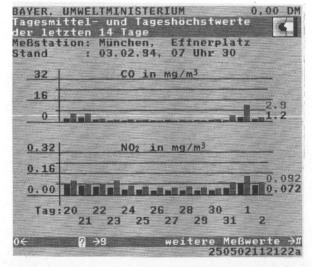

Herausgeber: Bayerisches Staatsministerium für Landesentwicklung und Umweltfragen

Die Btx-Angebote über Luftschadstoffe und zur Strahlen-schutzvorsorge werden bis zu 3x täglich aktualisiert und geben so zeitnah Meßwerte der entsprechenden landeswei-ten Fernüberwachungssysteme wieder. Das gesamte Btx-In-formationsangebot des Staatsministeriums für Landes-entwicklung und Umweltfragen umfaßt derzeit ca. 3.500 Informationsseiten. Es wird auf einer Rechenanlage als sog. „Externer Btx-Rechner" betrieben und kann über die Btx-Seiten *25050 # bzw. die Kurzbezeichnung *BYSTMLU # abgerufen werden.

Videotext-Informationsangebot

In Ergänzung zum Btx-Informationsangebot werden in Zu-sammenarbeit mit dem Bayerischen Rundfunk täglich um ca. 9.00 Uhr, 13.00 Uhr und 16.00 Uhr die aktuellen Meß-werte der Konzentration von Schwefeldioxid, Stickstoff-dioxid, Kohlenmonoxid und Ozon der 71 Meßstationen des Lufthygienischen Landesüberwachungssystems Bayern im Bayerntext-Programm des Bayerischen Fernsehens (BR 3) ver-öffentlicht. Ein lufthygienischer Tagesbericht gibt außerdem Auskunft darüber, ob aktuell bzw. in den zurückliegenden Stunden Auslösewerte überschritten wurden.

Abrufen kann dieses Informationsangebot über Tafel 470 des Bayerntext-Programms jeder Fernsehteilnehmer, dessen Fernsehgerät für Videotext ausgerüstet ist. Mit dem Video-textprogramm des Bayerischen Rundfunks, der als erste deut-sche Rundfunkanstalt den Zuschauern diesen neuartigen Ser-vice bietet, ist das Informationsangebot an umweltrelevanten Meßdaten noch bürgernäher ausgestaltet worden.

4. Information der Öffentlichkeit

Wegen des großen Interesses der Öffentlichkeit an Fragen des Umweltschutzes hat das Bemühen, die Öffentlichkeit über die Ziele und Maßnahmen des politischen Handelns zu informieren, im Bayerischen Umweltministerium einen ho-hen Stellenwert. Dem wird auf vielfältige Weise Rechnung getragen, insbesondere über

– die Bürger-Informationsstelle des Ministeriums (Tel.: 089/ 9214-3166),

Foyer des Umweltministeriums mit Ausstellungsraum und
Informationsstand

- die Verteilung von Publikationen aller Art wie Faltblätter,
  Broschüren oder Fachzeitschriften – ein Verzeichnis der
  Schriften kann von der Bürgerinformationsstelle angefor-
  dert werden,
- das Medium Film – das Ministerium bietet z.B. zu verschie-
  denen Umweltthemen Videofilme an,
- Veranstaltungen des Ministeriums, z.B. Fortbildungen für
  Abfallberater oder anläßlich des Tags der Umwelt,
- Wanderausstellungen – ein Verzeichnis wird auf Anfrage
  zugeschickt (die Ausstellungen werden bei Übernahme der
  Kosten für Auf- und Abbau sowie Transport ausgeliehen),
- Beteiligung an Veranstaltungen wie Messen und Austel-
  lungen sowie bei Landesgartenschauen,
- Beiträge für Museen, Umweltstationen, Umweltläden u.ä.,
- Aktionen und Kampagnen, wie Plakataktionen oder Wett-
  bewerbe,
- Betreuung von Besuchergruppen.

A 5 Umweltrecht

Umweltschutz braucht in einem Rechtsstaat notwendigerweise Rechtsgrundlagen. Eine gelungene Umweltgesetzgebung ist – neben den freiwilligen Anstrengungen der Bürger – unerläßliche Voraussetzung für eine erfolgreiche Umweltsicherung. In der Bundesrepublik Deutschland ist ein Umweltrecht geschaffen worden, das alle Rechtsebenen und Rechtsbereiche umfaßt.

1. Verfassungsrecht

Unter den verfassungsrechtlichen Vorgaben für den Umweltschutz sind zwei Gesichtspunkte hervorzuheben:

- Staatszielbestimmung Umweltschutz
  Im Jahre 1984 wurde der Umweltschutz als Staatsziel in der Bayerischen Verfassung verankert. Diese Staatszielbestimmung hat zu einer Neugewichtung des Umweltschutzes geführt und Impulse für die Fortentwicklung des Umweltrechts gesetzt; sie beinhaltet eine Verpflichtung für die Zukunft und bedeutet eine Daueraufgabe für die staatliche Normsetzung.

  Im Grundgesetz fehlt bislang noch die ausdrückliche Verpflichtung des Staates zum Umweltschutz. Die unterschiedlichen Positionen haben sich durch die Arbeit der Verfassungskommission inzwischen jedoch angenähert.

- Landeskompetenzen im Umweltrecht
  Der Kompetenzschwerpunkt bei der Umweltgesetzgebung liegt beim Bund. In wichtigen Rechtsmaterien, etwa dem Atomrecht, dem Abfallrecht, dem Immissionsschutzrecht oder dem Chemikalienrecht, können die Länder nur eng begrenzte Ausführungs-und Ergänzungsvorschriften erlassen. Weit größere Gestaltungsmöglichkeiten besitzen die Länder in den Bereichen Jagdwesen, Naturschutz und Landschaftspflege, Raumordnung und Wasserhaushalt. Insoweit darf der Bund nur den Rahmen setzen, den die Länder substantiell auszufüllen haben. Durch die Ausschöpfung ihrer ausschließlichen Kompetenzen im Bildungs- und Kulturbereich können die Länder maßgeblich zur Schaffung des für einen wirksamen Umweltschutz unverzichtbaren Umweltbewußtseins beitragen.

Der Gesetzesvollzug obliegt den Ländern fast ausschließlich in eigener Verantwortung.

2. Verwaltungsrecht

Der Schwerpunkt des Umweltrechts liegt eindeutig im Verwaltungsrecht. Insoweit sind insbesondere zu nennen das Bundes-Naturschutzgesetz, das Wasserhaushaltsgesetz, das Bundes-Immissionsschutzgesetz, das Atomgesetz, das Abfallgesetz, das Chemikaliengesetz und das Gentechnikgesetz sowie die jeweiligen landesgesetzlichen Vorschriften wie das Bayerische Naturschutzgesetz, das Bayerische Wassergesetz und das Bayerische Abfallwirtschaftsgesetz- und Altlastengesetz. Eine Vielzahl von Rechtsverordnungen, Verwaltungsvorschriften sowie technischen Regelwerken ergänzt diese Bestimmungen. Hinzu kommt noch fachübergreifendes Umweltrecht, zu dem etwa das Gesetz über die Umweltverträglichkeitsprüfung, das Gesetz über Umweltstatistiken oder das künftige Umweltinformationsgesetz zählt, das auf der Grundlage einer entsprechenden EG-Richtlinie im Grundsatz jedem einen Anspruch auf Umweltinformationen einräumt. Schließlich finden sich – entsprechend dem Querschnittcharakter des Umweltschutzes – umweltschutzbezogene Regelungen in vielen verwaltungsrechtlichen Materien mit primär anderer Zielsetzung (z.B. im Baurecht, im Agrarrecht, im technischen Sicherheitsrecht usw.).

3. Straf- und Ordnungswidrigkeitenrecht

Zwar stehen Vorsorge und gezielte Überwachung im Vordergrund der Umweltpolitik. Jedoch müssen auch Verstöße gegen die einschlägigen Rechtsvorschriften verfolgt und geahndet werden. Effektiver Umweltschutz bedarf deshalb auch eines wirksamen Umweltstraf- und -ordnungswidrigkeitenrechts. Das im Jahre 1980 neugestaltete Umweltstrafrecht sieht Geldstrafen oder Freiheitsstrafen bis zu 10 Jahren vor.

Im Bereich der Ordnungswidrigkeiten mit dem sehr weit gespannten Bußgeldrahmen (5 DM bis 100.000 DM) hat Bayern aus Gründen der einheitlichen Handhabung und der Kon-

Entwicklung der Umweltschutzdelikte 1973–1991

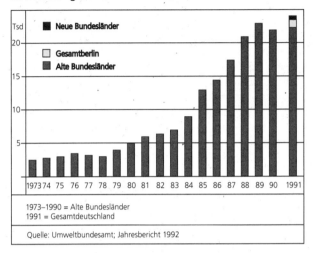

1973–1990 = Alte Bundesländer
1991 = Gesamtdeutschland

Quelle: Umweltbundesamt; Jahresbericht 1992

kretisierung im Jahre 1991 einen „Bußgeldkatalog Umweltschutz" für die Bereiche Abfallentsorgung, Immissionsschutz,
Gewässerschutz sowie Naturschutz und Landschaftspflege
erlassen.

4. Umwelthaftungsrecht

Auch das Zivilrecht weist Umweltbezüge auf. Das Umwelthaftungsrecht, das neben dem Schadensausgleich auch der
Prävention dient, ist dabei besonders hervorzuheben. Vor
1991 mußte der Geschädigte – sofern nicht Sonderregelun-
gen wie etwa im Atom- oder Wasserhaushaltsgesetz ein-
schlägig waren – auf die allgemeinen Rechtsvorschriften zu-
rückgreifen. Für den Umweltbereich erwiesen sich diese
Vorschriften als nicht sonderlich geeignet. Deshalb wurde
mit Wirkung von Jahresbeginn 1991 das Umwelthaftungsgesetz erlassen, das für bestimmte Anlagen eine verschul-
densunabhängige Haftung mit Beweiserleichterungen,
Auskunftsansprüchen und bei besonders gefährlichen Anlagen mit Deckungsvorsorgeverpflichtungen („Versiche-
rungspflicht") vorsieht.

5. Künftige Aufgabenschwerpunkte

Bei der weiteren Entwicklung der Umweltgesetzgebung wird es vor allem darum gehen, Gesetzeslücken zu schließen, die Normen an neue wissenschaftliche und technische Erkenntnisse anzupassen, die marktwirtschaftlichen Instrumente zu erweitern und die auf sehr unterschiedlichen Traditionen und Konzeptionen beruhende Gesetzesmaterie durch Schaffung eines geschlossenen Umweltgesetzbuchs zu harmonisieren und zu vereinfachen.

Als Daueraufgabe versteht die Staatsregierung auch ihr Bemühen, entbehrlich gewordene Vorschriften außer Kraft zu setzen, nicht zwingend notwendige Aufgaben abzubauen und für ein Höchstmaß an Verwaltungsvereinfachung zu sorgen. Zur Beschleunigung bundesrechtlich geregelter Planungs- und Genehmigungsverfahren sind dabei die Prüfungsmaßstäbe zu überprüfen sowie alle Standards und Normen auf ihre Notwendigkeit und Verbindlichkeit hin kritisch zu hinterfragen.

A 6 Organisation des Umweltschutzes

Der Geschäftsbereich des Bayerischen Staatsministeriums für Landesentwicklung und Umweltfragen umfaßt die Aufgabenbereiche

– Landesentwicklung,
– Umweltvorsorge,
– Naturschutz und Landschaftspflege,
– Luftreinhaltung,
– Abfallwirtschaft,
– Kernenergie und Strahlenschutz und
– Wasserwirtschaft (seit 17. Juni 1993).

Mit der Einbeziehung der Wasserwirtschaft ist die Behandlung der Grundgüter Luft, Boden und Wasser in einem Verantwortungsbereich zusammengefaßt. Dem Schutz dieser Umweltmedien kommt die Möglichkeit zugute, den Einsatz der verfügbaren finanziellen und personellen Ressourcen zentral zu steuern.

ufgabenbereich des Bayerischen Staatsministeriums ür Landesentwicklung und Umweltfragen

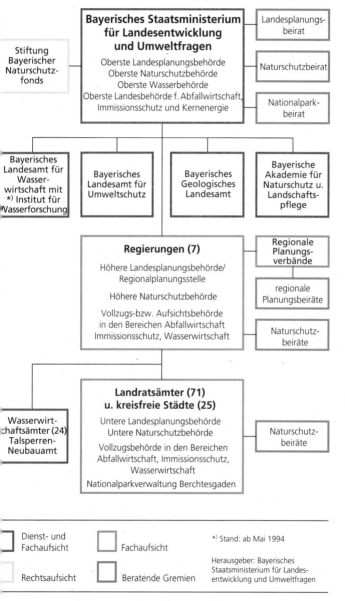

Bayerisches Staatsministerium für Landesentwicklung und Umweltfragen

Oberste Landesplanungsbehörde
Oberste Naturschutzbehörde
Oberste Wasserbehörde
Oberste Landesbehörde f. Abfallwirtschaft, Immissionsschutz und Kernenergie

Landesplanungsbeirat

Naturschutzbeirat

Nationalparkbeirat

Stiftung Bayerischer Naturschutzfonds

Bayerisches Landesamt für Wasserwirtschaft mit *) Institut für Wasserforschung

Bayerisches Landesamt für Umweltschutz

Bayerisches Geologisches Landesamt

Bayerische Akademie für Naturschutz u. Landschaftspflege

Regierungen (7)

Höhere Landesplanungsbehörde/ Regionalplanungsstelle

Höhere Naturschutzbehörde

Vollzugs-bzw. Aufsichtsbehörde in den Bereichen Abfallwirtschaft Immissionsschutz, Wasserwirtschaft

Regionale Planungsverbände

regionale Planungsbeiräte

Naturschutzbeiräte

Landratsämter (71) u. kreisfreie Städte (25)

Untere Landesplanungsbehörde
Untere Naturschutzbehörde

Vollzugsbehörde in den Bereichen Abfallwirtschaft, Immissionsschutz, Wasserwirtschaft

Nationalparkverwaltung Berchtesgaden

Naturschutzbeiräte

Wasserwirtschaftsämter (24) Talsperren-Neubauamt

Dienst- und Fachaufsicht

Fachaufsicht

Rechtsaufsicht

Beratende Gremien

*) Stand: ab Mai 1994

Herausgeber: Bayerisches Staatsministerium für Landesentwicklung und Umweltfragen

Zuständigkeiten von umweltpolitischer Relevanz liegen in Teilbereichen im Rahmen der jeweiligen Fachaufgabe auch bei anderen Staatsministerien, so z.B. beim Staatsministerium für Arbeit und Sozialordnung, Familie, Frauen und Gesundheit u.a. für das umweltpolitisch bedeutsame Gesundheitswesen oder beim Staatsministerium für Ernährung, Landwirtschaft und Forsten u.a. für alternativen Landbau, Pflanzenschutz und Schädlingsbekämpfung.

Als zentrale Landesbehörden unterstehen dem Bayerischen Umweltministerium

- das Landesamt für Umweltschutz,
- das Landesamt für Wasserwirtschaft,
- die Landesanstalt für Wasserforschung – mit Wirkung vom 1. Mai 1994 als Institut für Wasserforschung in das Landesamt für Wasserwirtschaft eingegliedert – und
- das Geologische Landesamt,
- ferner als nicht rechtsfähige Anstalt des öffentlichen Rechts die Akademie für Naturschutz und Landschaftspflege.

Die Vollzugsaufgaben nehmen die Behörden der allgemeinen inneren Verwaltung, also die Regierungen, die Landratsämter und kreisfreien Städte wahr. Als Fachbehörden auf der Unterstufe gehören zum Geschäftsbereich die

- 23 Wasserwirtschaftsämter,
- das Straßen- und Wasserbauamt Pfarrkirchen (soweit es Aufgaben der Wasserwirtschaft wahrnimmt) sowie
- das Talsperren-Neubauamt Nürnberg.

A 7 Aufwendungen des Freistaates Bayern für den Umweltschutz

Die Kosten von Umweltschutzmaßnahmen sind zwar grundsätzlich den Verursachern anzulasten. Dennoch wendet der Freistaat Bayern, auch in Zeiten knapper Mittel, erhebliche Beträge für den Umweltschutz auf:

- Allein der Haushalt für den Geschäftsbereich des Staatsministeriums für Landesentwicklung und Umweltfragen (Ein-

Entwicklung d. Haushalts für den Geschäftsbereich des Staatsministeriums für Landesentwicklung und Umweltfragen 1971–1994

in Mio. DM

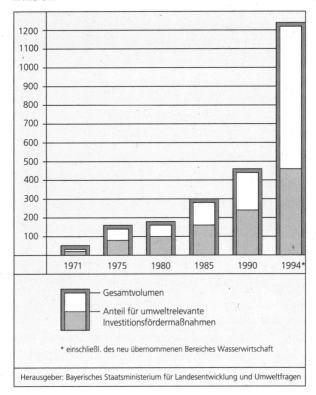

Gesamtvolumen

Anteil für umweltrelevante Investitionsfördermaßnahmen

* einschließl. des neu übernommenen Bereiches Wasserwirtschaft

Herausgeber: Bayerisches Staatsministerium für Landesentwicklung und Umweltfragen

zelplan 14 des Gesamthaushalts) umfaßt in den Jahren 1993 und 1994 jährlich rd. 1,2 Mrd. DM. Mit knapp 400 Mio. DM entfällt davon auf die Personalausgaben knapp ein Drittel der Gesamtausgaben pro Jahr. Mehr als ein weiteres Drittel – jährlich rd. 450 Mio. DM – stehen für die Förderung umweltrelevanter Investitionen zur Verfügung. Betroffen sind insoweit vor allem die Abfallwirtschaft, die Luftreinhaltung und die Wasserwirtschaft.

– Mittel für den Umweltschutz sind auch in anderen Einzelplänen des Bayerischen Staatshaushalts veranschlagt. Bayern verwendet außerdem einen erheblichen Anteil des Aufkommens der Kraftfahrzeugsteuer zweckgebunden für den Bau von Abwasseranlagen. Das sind 1993/94 jährlich rd. 570 Mio. DM, die im Einzelplan 13 (Allgemeine Finanzverwaltung) angesetzt sind. Zusammen mit dem Aufkommen aus der Abwasserabgabe stehen somit jährlich rd. 630 Mio. DM für die Förderung des Baus von Abwasseranlagen zur Verfügung.

Insgesamt liegen die Aufwendungen des Freistaates Bayern für den Umweltschutz in den Jahren 1993/94 – ohne Personalausgaben und ohne die Aufwendungen der Staatsforstverwaltung – bei jährlich rd. 1,7 Mrd. DM. Der Gesamthaushalt in diesen Jahren umfaßt rd. 53,2 bzw. rd. 54,8 Mrd. DM.

A 8 Umweltpolitische Zusammenarbeit

1. Umweltministerkonferenz

Für einen effizienten Umweltschutz ist die rechtzeitige Abstimmung und Koordinierung von Planungen, Maßnahmen und Vorgehensweisen zwischen dem Bund und den 16 Ländern unverzichtbar. Die Umweltministerkonferenz hat sich hierbei als Instrument insoweit bewährt. Die für Fragen des Umweltschutzes zuständigen Minister und Senatoren der Länder und der Bundesminister für Umwelt, Naturschutz und Reaktorsicherheit treffen sich dabei in der Regel zweimal jährlich, um Fragen der Gesetzgebung, des Gesetzesvollzugs, der Planung und der Forschung zu behandeln, soweit sie von übergreifendem Interesse sind. Im Jahr 1994 ist der Vorsitz auf Sachsen übergegangen. Wegen des jährlichen Wechsels im Vorsitz ist Bayern 1999 wieder an der Reihe.

2. Internationale Zusammenarbeit

Umweltbelastungen machen an Landesgrenzen nicht halt. Deshalb darf – im Interesse der Sache – auch der Umweltschutz nicht an Länder- oder Staatsgrenzen enden. Das Bayer. Staatsministerium für Landesentwicklung und Umweltfragen pflegt vielfältige Kontakte zu seinen Nachbarn, zum Teil in multilateraler Zusammenarbeit wie in den Arbeitsgemeinschaften Arge Alp, Arge Alpen-Adria, Arge Donauländer und der Internationalen Bodenseekonferenz, zum Teil im Rahmen bilateraler Kontakte und zielgerichteter Hilfeleistungen. Die Öffnung Ost- und Südosteuropas hat hier neue Möglichkeiten geboten.

Die multilateralen Arbeitsgemeinschaften (Arge Alp, Arge Alpen-Adria, Arge Donauländer, Bodenseekonferenz) sind eine traditionelle Plattform gegenseitigen Informations- und Erfahrungsaustausches auf der Ebene der Länder, Kantone, Regionen etc.. Naturschutz und technischer Umweltschutz sind Schwerpunkte der Zusammenarbeit in Form von Treffen der Länderexperten, wissenschaftlichen Symposien, vergleichenden Erhebungen über die regional unterschiedliche Ausgangslage sowie gegenseitiger Abstimmung bei der Erfassung von Umweltdaten.

Im Rahmen des von der 2. Paneuropäischen Umweltkonferenz im April 1993 in Luzern verabschiedeten Aktionsprogramms für Mittel- und Osteuropa ist Bayern, das durch die politischen Umwälzungen seine alte Bedeutung im Herzen Europas wiedergewonnen hat, besonders gefordert. Daher hat das Bayerische Staatsministerium für Landesentwicklung und Umweltfragen seine grenzüberschreitenden Initiativen zu einem Schwerpunkt seiner Umweltpolitik gemacht, Initiativen, die zur fälligen „Großen Reparatur" beitragen sollen.

Wie wichtig die grenzüberschreitende Zusammenarbeit im Interesse aller ist, zeigt sich insbesondere bei der friedlichen Nutzung der Kernenergie. Noch immer sind im Osten 15 Kernkraftwerke vom Tschernobyl-Typ in Betrieb. Die für östliche wie auch für westliche Staaten gleichermaßen kritische Situation muß möglichst schnell überwunden werden. Die westlichen Industrienationen mit ihrem hohen nuklearen Sicherheitsstandard sind in dieser Situation besonders gefordert, aktiv Hilfe zu leisten, die sowohl aus wissenschaftlich-technischer Beratung als auch aus unmittelbarer finanzieller Unterstützung bestehen sollte.

Mitglied in der Arge Alp

Mitglied in der Arge Alpen-Adria

Mitglied in der Arge Donauländer

Mitglied in der Arge Alp sowie in der Arge Alpen-Adria

Mitglieder in der Arge Alp sind die autonomen Provinzen
Bozen-Südtirol und Trento
Mitglied in der Arge Alpen-Adria ist die Region Trentino-Südtirol

Mitglied in der Arge Alp sowie Beobachter in der Arge Alpen-Adria

Mitglied in der Arge Alp sowie Beobachter in der Arge Donauländer

Mitglied in der Arge Alp, in der Arge Alpen-Adria
sowie in der Arge Donauländer

Mitglied in der Arge Alpen-Adria sowie in der Arge Donauländer

Beobachter in der Arge Donauländer

Herausgeber: Bayerisches Staatsministerium für Landesentwicklung und Umweltfragen

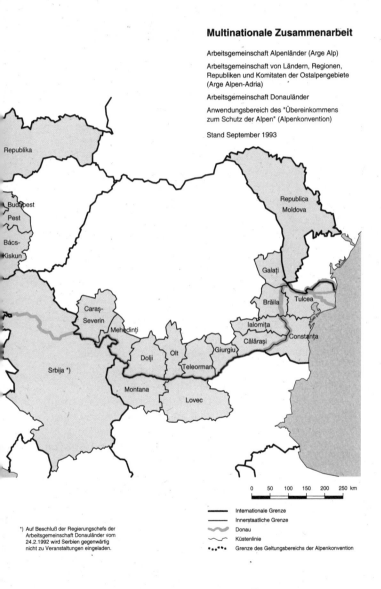

Multinationale Zusammenarbeit

Arbeitsgemeinschaft Alpenländer (Arge Alp)

Arbeitsgemeinschaft von Ländern, Regionen,
Republiken und Komitaten der Ostalpengebiete
(Arge Alpen-Adria)

Arbeitsgemeinschaft Donauländer

Anwendungsbereich des "Übereinkommens
zum Schutz der Alpen" (Alpenkonvention)

Stand September 1993

Republika

Budapest

Pest

Bács-
Kiskun

Republica
Moldova

Galați

Caraș-
Severin

Brăila

Tulcea

Mehedinți

Ialomița

Constanța

Călărași

Dolji

Olt

Giurgiu

Srbija *)

Teleorman

Montana

Lovec

| 0 | 50 | 100 | 150 | 200 | 250 km |

Internationale Grenze

Innerstaatliche Grenze

Donau

Küstenlinie

Grenze des Geltungsbereichs der Alpenkonvention

*) Auf Beschluß der Regierungschefs der
Arbeitsgemeinschaft Donauländer vom
24.2.1992 wird Serbien gegenwärtig
nicht zu Veranstaltungen eingeladen.

Bayern hat sich deshalb mit Nachdruck dafür eingesetzt, daß die Sicherheit der Kernkraftwerke in Mittel- und Osteuropa rasch verbessert wird und daß vor allem die Voraussetzungen dafür geschaffen werden, daß die Reaktoren vom Tschernobyl-Typ so schnell wie möglich abgeschaltet werden.

Auch Luftschadstoffe lassen sich von Grenzen nicht aufhalten. Dies ist z.B. im Nordosten Bayerns spürbar, den immer wieder Schadstoffe belasten, die in den Braunkohlerevieren der östlichen Nachbarländer und im Gebiet der ehemaligen DDR erzeugt werden. Wichtige Schritte zur Verbesserung der Situation sind jedoch bereits getan. Sondermittel in Höhe von rund 15 Mio. DM für Maßnahmen zur Luftreinhaltung in den neuen Bundesländern Thüringen und Sachsen, mit denen z.B. die Umstellung großer Heizungsanlagen von Braunkohle auf umweltfreundlichere Energieträger unterstützt wurden, haben ihre Wirkung nicht verfehlt. Ein konkreter Stillegungs- und Sanierungsplan für tschechische Kraftwerke im Grenzbereich, der im Rahmen der bayerisch-tschechischen Umweltministerkonferenz vereinbart wurde, hat spürbare Verbesserungen für die Bevölkerung im gemeinsamen Grenzraum gebracht.

Zusammenarbeit mit der Tschechischen Republik

Für die Beziehungen zwischen dem Freistaat Bayern und der ehemaligen CSFR haben sich seit der „sanften Revolution" im Herbst 1989 und der Grenzöffnung neue Perspektiven eröffnet. Im Mittelpunkt steht aufgrund der unmittelbaren Nachbarschaft vor allem die Kooperation mit der Tschechischen Republik. Seit 1990 besteht hierzu eine bayerisch-tschechische Arbeitsgruppe, bayerischerseits geleitet von der Staatskanzlei unter Beteiligung aller Ressorts. Darin arbeiten beide Seiten auf definierten Gebieten zusammen und führen gemeinsame Projekte durch, u.a. auch im Naturschutz, im technischen Umweltschutz sowie in der Raumordnung und Landesplanung. Im Rahmen dieser Kooperation erarbeitet das Bayerische Staatsministerium für Landesentwicklung und Umweltfragen derzeit drei grenzüberschreitende Entwicklungskonzepte zur Stärkung der Teilräume

- für das Drei-Länder-Eck Bayern-Sachsen-Böhmen,
- für den mittleren bayerisch-tschechischen Grenzraum,
- und für den Teilraum Bayerischer Wald-Böhmerwald-Mühlviertel.

Besonderen Stellenwert bei der Zusammenarbeit mit der Tschechischen Republik besitzt die regelmäßige bayerisch-tschechische Umweltministerkonferenz. Bereits auf der ersten Tagung im Januar 1993 gab es wegweisende Entscheidungen für die Luftreinhaltung im gemeinsamen Grenzgebiet. So wurde ein konkreter Stillegungs- und Sanierungsplan für ältere tschechische Kohlekraftwerke beschlossen. Grenzüberschreitende Immissionsmessungen sollen unter Berücksichtigung der kontinuierlich arbeitenden Meßstationen in Grenznähe zu einem gemeinsamen Immissionskataster für das Drei-Länder-Eck Bayern-Böhmen-Sachsen ausgewertet werden, das Grundlage für weitere lufthygienische Maßnahmen sein wird. Des weiteren haben die beiden Umweltminister auch die Weichen gestellt für eine grenzüberschreitende Zusammenarbeit in der Abfallwirtschaft, wobei die bayerische Seite ihr Know-how zur Verfügung stellt. Ein „rotes Abfalltelefon" dient der schnellen Information bei illegalen grenzüberschreitenden Abfalltransporten. Auch Fragen der kerntechnischen Sicherheit und des Atomrechts sind Gegenstand des Erfahrungsaustauschs. Als erste konkrete Maßnahmen sollen künftig Daten vor allem von Immissionsmessungen in der Umgebung der Kernkraftwerke Isar 1 und 2 in Bayern und Dukovany sowie später Temelin in der Tschechischen Republik ausgetauscht werden. Mit diesen Vereinbarungen ist ein Stand der Zusammenarbeit zwischen den beiden Nachbarn erreicht worden, wie er noch vor einigen Jahren für undenkbar gehalten wurde.

Zusammenarbeit mit anderen Staaten Osteuropas

Im Zuge der 1991 zwischen dem Freistaat Bayern und der Slowakischen Republik vereinbarten Zusammenarbeit auch auf dem Gebiet des Umwelt- und Naturschutzes hat sich die daraufhin eingesetzte bayerisch-slowakische Arbeitsgruppe vor allem auch mit Fragen der Überwachung von Kernkraftwerken befaßt.

In einem von Staatsminister Dr. Gauweiler und dem stellvertretenden russischen Atomenergieminister Sidorenko 1992 unterzeichneten Protokoll wurde die bayerisch-russische Zusammenarbeit mit dem Ziel vereinbart, Reaktoren vom Typ Tschernobyl so schnell wie möglich abzuschalten. Vorgestellt wurde dabei ferner ein neues, am westlichen Sicherheitskonzept orientiertes Reaktorkonzept, das künftig maßgeblich zur Verbesserung der Sicherheit der Kernkraftwerke in Rußland beitragen soll.

Im Rahmen der Zusammenarbeit mit Litauen hat Bayern Schadstoff-Meßgeräte für Luft-, Lärm- und Radioaktivitätsmessungen im Wert von ca. 1 Mio. DM kostenlos zur Verfügung gestellt. Außerdem wurden litauische Fachleute an den Geräten ausgebildet. Ein Mitarbeiter des bayerischen Umweltministeriums hat im Rahmen von EG-Unterstützungsaktionen beim Aufbau einer atomrechtlichen Genehmigungs- und Aufsichtsbehörde mitgewirkt.

Auch die Zusammenarbeit des Bayerischen Umweltministeriums mit Slowenien und Kroatien ist seit der politischen Umstrukturierung Jugoslawiens intensiviert worden. In den Ständigen Kommissionen Bayern/Slowenien und Bayern/Kroatien unter Federführung der Staatskanzlei wurden Arbeitsprogramme entwickelt, die zum Teil schon umgesetzt sind. So haben sich slowenische Fachleute aus den Bereichen Verwaltung (Umwelt- und Raumordnungsministerium) und Technik auf Einladung des Umweltministeriums in Bayern aufgehalten, um sich über Fragen des Umweltschutzes und der Raumordnung bzw. der Abfallbeseitigung zu informieren. Im Falle Kroatien werden ähnliche Maßnahmen in die Wege geleitet.

Unter Federführung der Staatskanzlei wurde auch mit Ungarn ein gemeinsames Arbeitsprogramm entwickelt, das insbesondere die Entsendung von Experten des Ungarischen Ministeriums für Umwelt und Landesentwicklung an das Bayerische Staatsministerium für Landesentwicklung und Umweltfragen zwecks Information und Orientierungshilfen vorsieht. Ein erster Besuch dieser Art fand bereits statt. Es wird damit gerechnet, daß weitere ungarische Spezialisten zur Vertiefung von Einzelthemen das Beratungsangebot annehmen werden.

B Umweltqualität

B 1 Natur und Landschaft

1. Ausgangslage

Bayern ist reich an schönen Landschaften, einmaligen Natur-schöpfungen und eindrucksvollen Pflanzen- und Tierarten. Aber auch in Bayern sind Natur und Landschaft vielfältigen Belastungen ausgesetzt. Dies gefährdet die Leistungsfähigkeit des Naturhaushalts insgesamt, darüber hinaus den Bestand von immer mehr Arten, die auf bestimmte Biotoptypen als Lebensräume angewiesen sind. Werden solche Lebensräume beeinträchtigt oder sogar zerstört – betroffen sind zum Beispiel Feuchtgebiete, Mager- und Trockenstandorte –, führt das zwangsläufig zu einem Rückgang der dort lebenden Arten.

Reichstrukturierte Kulturlandschaft

2. Ziele und Maßnahmen

Wesentliche Aufgabe des Naturschutzes und der Landschaftspflege ist es daher, die Artenvielfalt zu erhalten sowie die Lebensräume der heimischen Tier- und Pflanzenwelt zu schützen, zu pflegen und zu entwickeln. Dieses Ziel hat in Bayern Verfassungsrang (Art. 141 der Bayerischen Verfassung). Es ist bei allen Vorhaben, die Beeinträchtigungen von Natur und Landschaft zur Folge haben können, zu berücksichtigen.

2.1 Landschaftsplanung

Die Belange des Naturschutzes und der Landschaftspflege sind im Interesse der Umweltvorsorge bereits im Planungsstadium zu berücksichtigen. Für überörtliche Planungen sind das Landschaftsprogramm als Teil des Landesentwicklungsprogramms und die Landschaftsrahmenpläne als Teile der Regionalpläne maßgeblich. Die örtlichen Erfordernisse und Maßnahmen des Naturschutzes und der Landschaftspflege zeigen der von den Gemeinden als Bestandteil des Flächennutzungsplans ausgearbeitete Landschaftsplan und der als Bestandteil des Bebauungsplans ausgearbeitete Grünordnungsplan auf.

Das Staatsministerium für Landesentwicklung und Umweltfragen hat die Landschaftsplanung der Gemeinden seit 1974 finanziell gefördert. 939 bayerische Gemeinden (Stand: Juli 1993) haben – teils in Planungsgemeinschaft – 816 Landschaftspläne in Auftrag gegeben. 440 dieser Planungen, die rd. 48% der Fläche Bayerns erfassen, sind fertiggestellt. Die Summe der Zuschußbewilligungen bzw. Inaussichtstellungen beläuft sich auf rd. 20,2 Mio. DM.

2.2 Arten- und Biotopschutz

Biotopkartierung

Bayern hat als erstes Bundesland in den Jahren 1974/75 in einem Schnelldurchgang Biotope in der freien Landschaft im Maßstab 1:50000 kartiert. Eine Kartierung in den Alpen wurde 1976 begonnen und 1979 abgeschlossen. Im gleichen Jahr wurde mit Kartierungen in Städten begonnen. Bisher haben 32 Städte, darunter alle kreisfreien Städte Bayerns, eine sogenannte Stadtbiotopkartierung durchgeführt. Seit 1985 wird die Biotopkartierung im Maßstab 1:5000 fort-

Feuchtbiotop – wertvoller Lebensraum typischer Pflanzen und Tiere

gesetzt. Diese Arbeiten werden voraussichtlich noch in diesem Jahr abgeschlossen. Es sind auch mehrere Städte darangegangen, ihre Stadtbiotopkartierungen fortzuführen. Im Jahr 1991 ist mit der Fortführung der Alpenbiotopkartierung begonnen worden. In einer Schnellerfassung wurden 1990/91 die besonders schützenswerten Biotope entlang der Grenze zu Sachsen und Thüringen kartiert.

Artenschutzkartierung

Ergänzend zur Biotopkartierung werden die Standorte bedeutsamer heimischer Tier- und Pflanzenarten im Rahmen der Artenschutzkartierung (ASK) dokumentiert. 1980 wurde damit begonnen, ein bayernweites naturschutzbezogenes Artenkataster aufzubauen. Die ASK liefert insbesondere Grundlagendaten für die Erstellung des landesweiten Arten- und Biotopschutzprogramms, von Artenhilfsprogrammen, von Roten Listen sowie für vielfältige Zwecke im Rahmen der Landes- und Raumplanung (z.B. Zustandserfassungen für Naturschutzgebiete, Pflege- und Entwicklungspläne,

Landschaftspläne, Eingriffsbeurteilungen). In der Datenbank ASK sind derzeit dank der Mitarbeit von über 1.000 Experten ca. 550.000 Nachweise von Tier- und Pflanzenarten von rd. 86.000 Fundorten gespeichert. Der jährliche Zuwachs beträgt ca. 70.000 Nachweise.

Arten- und Biotopschutzprogramm

Das Arten- und Biotopschutzprogramm (ABSP) ist eine wesentliche Grundlage für die Naturschutzarbeit in Bayern. Dieses Programm, mit dem 1984 begonnen wurde, integriert und koordiniert alle zur Zeit verfügbaren Daten über Pflanzen- und Tierarten mit ihren Lebensansprüchen zu einem umfassenden Schutz- und Entwicklungskonzept. Bisher haben 47 Landkreise das vollständige Arten- und Biotopschutzprogramm erhalten; den übrigen Landkreisen wurde eine Grundinformation zur Verfügung gestellt. Seit 1988 werden die Aussagen des Arten- und Biotopschutzprogramms in konkrete Maßnahmen umgesetzt.

Ergänzend wurde mit der Arbeit an einem Arten- und Biotopschutzprogramm für kreisfreie Städte begonnen. Das erste sog. Stadt-ABSP liegt seit Herbst 1992 für die Stadt Erlangen vor.

Landschaftspflegekonzept Bayern

Das Landschaftspflegekonzept ergänzt das Arten- und Biotopschutzprogramm und stellt einen wissenschaftlich begründeten und landesweit einheitlichen Beurteilungsrahmen für die Erhaltung, Pflege und Neuanlage von Lebensräumen heimischer Tiere und Pflanzen dar. Es trifft Aussagen über

- die Notwendigkeit landschaftspflegerischer Maßnahmen zur Erhaltung charakteristischer Biotope in den einzelnen Naturräumen Bayerns,
- die Art und Häufigkeit von Pflegemaßnahmen in den einzelnen Biotoptypen,
- die Möglichkeit der Wiederherstellung ehemals vorhandener Biotopstrukturen,
- die Notwendigkeit von Pufferzonen für Schutzgebiete und wertvolle Biotoptypen,
- die Neuanlage und einen Verbund von Biotoptypen insbesondere in ökologisch verarmten Gebieten.

Das „Landschaftspflegekonzept Bayern" besteht aus einem Grundlagenband und 19 Lebensraumtypen-Bänden. Die Bayer. Akademie für Naturschutz und Landschaftspflege wird das Landschaftspflege-Konzept schrittweise veröffentlichen.

2.3 Flächenschutz

Naturschutzgebiete

Naturschutzgebiete sind nach dem Naturschutzrecht die strengste Schutzgebietskategorie. Als Kern- bzw. Knotenpunkt eines landesweiten Biotopverbundsystems kommt den Naturschutzgebieten naturschutzfachlich herausragende Bedeutung zu.

Bis Ende 1993 waren in Bayern 470 Naturschutzgebiete mit 171.768 ha ausgewiesen (Ende 1989: 393 Naturschutzgebiete mit 129.545 ha). Zusammen mit dem Nationalpark Berchtesgaden und dem Nationalpark Bayerischer Wald sind dies 2,4% der Landesfläche. Bis Ende 1993 waren für 162 der 470 bayerischen Naturschutzgebiete Pflege- und Entwicklungspläne in Auftrag geben und davon 150 Pläne fertiggestellt.

Naturschutzgebiete in Bayern
Entwicklung von 1970 bis 1993
Anzahl, Fläche (ha), Anteil an Landesfläche (%)

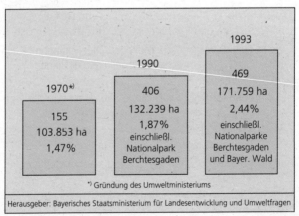

1993

1990

469
171.759 ha
2,44%
einschließl.
Nationalparke
Berchtesgaden
und Bayer. Wald

1970*⁾

406
132.239 ha
1,87%
einschließl.
Nationalpark
Berchtesgaden

155
103.853 ha
1,47%

*⁾ Gründung des Umweltministeriums

Herausgeber: Bayerisches Staatsministerium für Landesentwicklung und Umweltfragen

Nationalparke

In Bayern bestehen zwei Nationalparke: Der 20.800 ha große „Alpen- und Nationalpark Berchtesgaden" wurde mit
Verordnung vom 18.07.1978, der 13.300 ha große „Nationalpark Bayerischer Wald" mit Verordnung vom 21.07.92
festgesetzt. Die Nationalparke waren die ersten Nationalparke in der Bundesrepublik Deutschland und sind von der
UNESCO als Biosphärenreservate anerkannt sowie vom Eu-
roparat mit dem Europa-Diplom A ausgezeichnet worden.

Landschaftsschutzgebiete

Ende 1992 verfügte Bayern über 753 Landschaftsschutzge-
biete. Zusammen mit den Schutzzonen der Naturparke um-
fassen sie eine Fläche von über 7 Mio. ha; das sind 24,36%
der Landesfläche.

Naturparke

Derzeit werden in Bayern 17 Naturparke mit einer Gesamt-
fläche von 2,07 Mio. ha (rund 29% der Landesfläche) entwickelt und gepflegt. Die Kosten der Naturparkträger für
Planung, Landschaftspflege und Erholungseinrichtungen
wurden von 1971 bis Ende 1992 mit rund 50 Mio. DM (davon seit 1990 12 Mio. DM) Staatszuschüssen gefördert.

Biosphärenreservate

Biosphärenreservate sind ausgewählte Natur- und Kulturland-
schaften, die in ein weltweites Netz geschützter Gebiete auf
der Grundlage des internationalen Umweltprogramms „Der
Mensch und die Biosphäre" eingebunden sind. Ziel ist es, in
diesen Gebieten die Natur zu schützen und die Kulturland-
schaften zu pflegen und nachhaltig zu entwickeln. Durch
Untersuchungen und Erfahrungsaustausch sollen neue Wege
des partnerschaftlichen Zusammenlebens von Mensch und
Natur gefunden und beispielhaft umgesetzt werden.

In Bayern ist von der UNESCO neben den beiden National-
parken Bayerischer Wald und Berchtesgaden seit März 1991
die charakteristische Kulturlandschaft der Rhön als Biosphärenreservat anerkannt worden. Für das länderübergreifende
Biosphärenreservat Rhön erarbeitet Bayern derzeit zusam-

men mit den beteiligten Ländern Hessen und Thüringen ein Rahmenkonzept als Grundlage für eine Entwicklung, bei der Mensch und Natur miteinander in Einklang stehen.

Gesetzlicher Flächenschutz

Im Bayerischen Naturschutzgesetz wurde im Jahr 1982 ein unmittelbar wirksamer Schutz bestimmter, ökologisch besonders wertvoller Naß- und Feuchtflächen eingeführt. Dieser Schutz wurde 1986 auf ökologisch besonders wertvolle Mager- und Trockenstandorte ausgedehnt. Dies bedeutet einen erheblichen Fortschritt gegenüber der Schutzgebietsausweisung, die im Einzelfall sehr viel Zeit in Anspruch nehmen kann.

Privatrechtliche Sicherung ökologisch wertvoller Flächen

Neben den hoheitlichen Maßnahmen trägt auch die privatrechtliche Sicherung zu einem wirksamen Arten- und Biotopschutz bei – sei es durch staatlichen Eigenerwerb oder durch die Förderung anderer Maßnahmeträger –, zumal ein angemessener Flächenschutz nicht immer die völlige Herausnahme der Flächen aus der Nutzung erfordert. Seit 1971 konnten mit Zuschüssen von rd. 36 Mio. DM 2691 ha an ökologisch wertvollen Flächen gesichert werden.

Der 1982 gegründete Bayerische Naturschutzfonds hat bis heute insgesamt mehr als 12 Mio. DM für über 350 Maßnahmen des Naturschutzes und der Landschaftspflege bereitgestellt. Allein 1993 wurden unter Verwendung insbesondere der Zinserträge des Stiftungsvermögens sowie von Spenden 54 Projekte mit Zuschüssen von rd. 2,9 Mio. DM gefördert. Schwerpunkt war dabei u.a. die Mitfinanzierung von Kauf- und Pachtvorhaben zur Sicherung von Niedermoorbereichen im Alpenvorland sowie zur Erhaltung und Verbesserung wertvoller Still- und Fließgewässerlebensräume vor allem in Franken, Schwaben, Niederbayern und der Oberpfalz.

2.4 Schutz bei Eingriffen in Natur- und Landschaft

Die Eingriffsregelung nach dem Bayer. Naturschutzgesetz begründet für Natur und Landschaft einen Mindestschutz, unabhängig davon, ob die im Einzelfall betroffenen Flächen oder Bestandteile der Natur unter besonderen Schutz (Flächenschutz) gestellt sind.

Vermeidbare Beeinträchtigungen von Natur und Landschaft sind danach zu unterlassen, unvermeidbare Beeinträchtigungen durch Maßnahmen des Naturschutzes auszugleichen.

Der Eingriff ist zu untersagen, wenn ein Ausgleich nicht möglich ist und die Belange des Naturschutzes bei Abwägung aller Anforderungen vorrangig sind. Die Naturschutzbehörden verlangen vom Verursacher die erforderlichen Ausgleichs- und Ersatzmaßnahmen. Bei größeren, planfeststellungspflichtigen Vorhaben (z.B. beim Straßen- und Wasserbau oder der Flurbereinigung) sind die erforderlichen Ausgleichs- und Ersatzmaßnahmen in landschaftspflegerischen Begleitplänen bzw. in Plänen über die gemeinschaftlichen und öffentlichen Anlagen nach dem Flurbereinigungsgesetz auf der Grundlage ökologischer Bilanzierungen darzustellen.

2.5 Förderprogramme des Naturschutzes und der Landschaftspflege

Mit den Förderprogrammen des Naturschutzes und der Landschaftspflege wird seit mehr als 10 Jahren auf der Grundlage vertraglicher Vereinbarungen ein finanzieller Ausgleich für Leistungen zugunsten von Naturschutz und Landschaftspflege gewährt. Zugleich wird im Rahmen der damit aufgebauten Partnerschaft zwischen Landwirtschaft und Naturschutz ein Beitrag zu naturschonender Landbewirtschaftung geleistet. Was 1983 mit dem Wiesenbrüterprogramm und einer Summe von ca. 34.000 DM begann, hat sich inzwischen zu einem Programm-Paket aus 9 Förderprogrammen mit unterschiedlichsten naturschutzfachlichen Zielsetzungen und einem Mittelumfang von fast 40 Millionen DM im Jahre 1993 entwickelt.

Künftig werden diese Förderprogramme unter einem einheitlichen, mit dem bayerischen Kulturlandschaftsprogramm abgestimmten Förderdach angeboten:

10 Jahre Naturschutz-Förderprogramme

Entwicklung der Fördermittel in Mio. DM seit 1983 bis heute

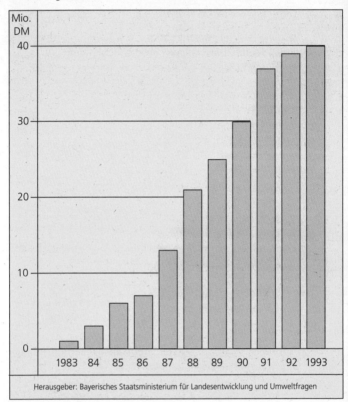

Herausgeber: Bayerisches Staatsministerium für Landesentwicklung und Umweltfragen

Erschwernisausgleich für Feuchtflächen

Feuchtflächen sind in Bayern gesetzlich geschützt. Eigentümer oder Nutzungsberechtigte von Feuchtflächen, deren land-, forst- oder fischereiwirtschaftliche Nutzung durch eine Untersagung wesentlich erschwert wird oder die sich freiwillig zur Fortführung der bisherigen naturschonenden Bewirtschaftung verpflichten, erhalten einen angemessenen Geldausgleich.

Seit Einführung des Erschwernisausgleichs im Pflegejahr 1983/84 – das Pflegejahr beginnt am 1. Juli und endet mit

Ablauf des 30. Juni des darauffolgenden Jahres – ist bis zum Pflegejahr 1992/93 die Fläche, für die ein Erschwernisausgleich gewährt wird, von rd. 1.520 ha auf rd. 12.740 ha gestiegen. Dem im ersten Pflegejahr 1983/84 ausbezahlten Betrag von 0,29 Mio. DM steht im Pflegejahr 1992/93 ein Betrag in Höhe von knapp 7,1 Mio. DM gegenüber. Im Pflegejahr 1992/93 haben sich 9.468 Landwirte an diesem Programm beteiligt.

Wiesenbrüterprogramm

Die Umwandlung von Grünland in andere Nutzungsarten und die intensive Nutzung der noch vorhandenen wechselfeuchten Wirtschaftswiesen gefährden wiesenbrütende Vogelarten, die auf diese Biotope spezialisiert sind. Durch den Abschluß privatrechtlicher Bewirtschaftungsvereinbarungen soll eine Landbewirtschaftung erreicht werden, die den Ansprüchen der wiesenbrütenden Vogelarten an ihren Lebensraum entspricht.

1993 wurden nahezu 7.800 Vereinbarungen mit einem Aufwand von 7,2 Mio. DM geschlossen oder verlängert. Der Umfang der gesicherten Fläche hat sich von 1986 bis 1993 von 5.135 ha auf 11.956 ha mehr als verdoppelt.

Das Wiesenbrüter-Programm zeigt erfreulich positive Ergebnisse: In einigen Brutgebieten stabilisiert sich das Vorkommen wiesenbrütender Vogelarten. Da die Bestände insgesamt weiter rückläufig sind, sind die Bemühungen jedoch fortzusetzen, damit die Lebensgemeinschaften der wechselfeuchten Wirtschaftswiesen auch langfristig gewährleistet werden.

Programm für Mager- und Trockenstandorte

Das Programm für Mager- und Trockenstandorte wurde 1987 landesweit eingeführt. Mager- und Trockenstandorte gehören zu den artenreichsten und zugleich gefährdetsten Lebensräumen in Bayern. Eigentümer oder Nutzungsberechtigte, die diese Standorte naturschonend bewirtschaften bzw. pflegen, können hierfür ein jährliches Entgelt erhalten.

Trockenbiotop Wacholderheide im Jura

Bereits im ersten Jahr wurden auf freiwilliger Basis 1.206 Vereinbarungen für eine Fläche von 4.091 ha abgeschlossen. Dafür wurde ein Entgelt von 1,44 Mio. DM bezahlt. Bis einschließlich 1993 stieg die Zahl der Vereinbarungen auf 3.601 für 12.844 ha. Dafür haben die Landwirte 1993 insgesamt rd. 5,5 Mio. DM an Gegenleistung erhalten.

Acker-, Wiesen- und Uferrandstreifenprogramm

Ziel dieses Programms ist die Erhaltung und Entwicklung von Standorten der Ackerwildkräuter, deren Artenvielfalt in den letzten Jahrzehnten drastisch zurückgegangen ist. Soweit der Verzicht auf Dünge- und Pflanzenschutzmittel in den Randstreifen zu Einbußen beim Ernteertrag führt, wird ein finanzieller Ausgleich gewährt.

1993 wurden für den Schutz von Acker-, Wiesen- und Uferrandstreifen auf einer Fläche von 2.848 ha knapp 2,7 Mio. DM ausgegeben.

Das Programm hat sich vor allem in ausgeräumten, intensiv bewirtschafteten Landschaftsteilen bewährt. Bei entsprechender Bewirtschaftung dieser artenarmen Flächen kann sich in kurzer Zeit wieder eine artenreiche Wildkrautflora einschließlich der spezifischen Tierwelt einstellen.

Landschaftspflegeprogramm

Das Landschaftspflegeprogramm dient der Pflege und Neuanlage ökologisch wertvoller Lebensräume. Gefördert werden landespflegerische Maßnahmen nichtstaatlicher Maßnahmeträger, insbesondere von Landkreisen, Gemeinden, Naturschutzverbänden, Landwirten und anderen Privatpersonen.

Das Programm wurde 1983 erstmals angeboten. Damals konnten für 108 Maßnahmen rd. 0,5 Mio. DM anteilige Fördermittel bereitgestellt werden. Zehn Jahre danach wies der Jahresabschluß 1993 ein Volumen von 1.354 Maßnahmen mit über 10 Mio. DM Fördermitteln aus. Der überwiegende Teil wurde dabei Landwirten zur Verfügung gestellt.

Pufferzonenprogramm

Viele Naturschutzgebiete, aber auch geschützte Landschaftsbestandteile und schützenswerte Biotope, sind zur Erhaltung von Lebensgemeinschaften zu klein und in ihrer Leistungsfähigkeit vor allem durch Belastungen von außen beeinträchtigt. Das Pufferzonenprogramm setzt gezielt Mittel ein zugunsten von Schutzgebieten und schützenswerten Biotopen. Dies bewirkt eine quantitative und qualitative Verbesserung dieser Lebensräume.

1993 wurden dafür ca. 1,81 Mio. DM aufgewendet. Betroffen war davon eine Fläche von über 2.000 ha.

Programm für Teiche und Stillgewässer

Das Programm gewährt für die landschaftspflegerische Leistung naturschonender Teichbewirtschaftung ein Entgelt. Es wurde 1987 als Pilotprojekt in Mittelfranken begonnen und 1988 auf die Oberpfalz ausgedehnt.

Bereits im zweiten Halbjahr des landesweiten Vollzugs 1989 konnten 184 Vereinbarungen mit rd. 860 ha abgeschlossen

Biotoptyp Streuobstwiese

werden, die zu Zuwendungen in Höhe von 0,53 Mio. DM geführt haben. Im Jahr 1993 bestanden nach diesem Programm 481 Vereinbarungen über eine Vertragsfläche von 1.791 ha. Dafür zahlten die Naturschutzbehörden Entgelte von rd. 1,1 Mio. DM aus.

Streuobstprogramm

Streuobstbestände sind wichtige Lebensräume für zahlreiche stark gefährdete Tier- und Pflanzenarten. Sie tragen maßgeblich zum Biotopverbund bei. Nach einem Beschluß des Bayerischen Landtags wurde 1988 das Pilotprojekt „Erhaltung und Pflege ökologisch wertvoller Streuobstbestände" in Oberfranken, Unterfranken und im Landkreis Lindau begonnen.

Seit Einführung des landesweiten Vollzugs im Jahr 1989 entwickelte sich die Zahl der Vereinbarungen von 1.435 auf knapp 7.750 im Jahr 1993. Die Fläche der unter Vertrag genommenen Streuobstbestände stieg von 912 ha auf rd. 4.126 ha. Entsprechend erhöhte sich der Mitteleinsatz von 0,73 Mio. DM auf fast 3 Mio. DM im Jahr 1993.

Pilotprojekt zur Erhaltung und Pflege ökologisch wertvoller Weinberge

Das Pilotprojekt „Alte Weinberge" ist 1989 in Unterfranken angelaufen. Das Projekt soll dazu beitragen, ökologisch wertvolle Weinberge zu erhalten, zu pflegen und langfristig zu verbessern. Winzer, die solche Weinberge naturschonend bewirtschaften und z.B. bestimmte Auflagen hinsichtlich Düngung und Einsatz von Pflanzenschutzmitteln beachten sowie weinbergtypische Strukturen wie Mauern, Treppen und Steinwege erhalten, bekommen ein angemessenes Entgelt.

Im Jahr 1989 wurde knapp eine Viertelmillion DM für das Pilotprojekt eingesetzt. Im Jahr 1993 waren 705 Verträge mit einer Fläche von 267 ha und einem Entgelt von rd. 1,2 Mio. DM abgeschlossen.

2.6 Artenhilfsprogramm

Mit Artenhilfsprogrammen werden gezielt einzelne Arten, Artengruppen und Lebensgemeinschaften in ihrem Bestand gesichert sowie die für sie erforderlichen Lebensräume erhalten, verbessert oder gegebenenfalls neu geschaffen. Die

Breitblättriges Knabenkraut und Weißstorch – Pflanze und Tier des Jahres 1994

laufenden Artenhilfsmaßnahmen für den stark gefährdeten Weißstorch, das Birkhuhn, den Fischotter, die Fledermäuse, die Flußperlmuschel und die Amphibien wurden fortgeführt. Neu begonnen wurden Artenhilfsmaßnahmen für endemische Pflanzenarten, d.h. Arten, die weltweit nur in Bayern vorkommen.

B 2 Boden

1. Ausgangslage

Die Beanspruchung des Bodens hat in den letzten Jahrzehnten durch die moderne Industrie-, Agrar- und Siedlungswirtschaft zugenommen. Damit ist die Gefahr gewachsen, daß der Boden durch Stoffeinträge geschädigt, durch Erosion abgetragen oder durch übermäßigen Landverbrauch versiegelt wird.

2. Ziele und Maßnahmen

Der Boden muß künftigen Generationen als Lebensgrundlage erhalten bleiben. Dem Vorsorgeprinzip kommt deshalb im Bodenschutz besondere Bedeutung zu.

Die Staatsregierung verfolgt im Bodenschutz im einzelnen die Ziele,
- Stoffeinträge zu vermindern oder zu vermeiden,
- Erosion und Strukturveränderungen zu minimieren,
- Flächen möglichst sparsam zu verbrauchen und neuer Flächeninanspruchnahmen günstig zuzuordnen,
- Schäden bei der Nutzung des tieferen Untergrundes zu vermeiden,
- Bodenschätze möglichst flächensparend abzubauen,
- Bodenschätze unter Ausnutzung von Ersatzstoffen und Wiedergewinnungsmöglichkeiten aus Abfällen und Reststoffen sparsam zu gebrauchen,
- den Zustand des Bodens flächendeckend zu erfassen und langfristig zu beobachten.

Profil eines sauergebleichten Bodens (Podsol)

2.1 Schutz des Bodens vor Schadstoffeinträgen

In den Boden gelangen über die Luft, das Wasser und auf direktem Wege Stoffe, die sich ab bestimmten Konzentrationen schädlich auswirken können. Quellen sind Industrie und Gewerbe, Kraftwerke, Handwerk, Haushalte sowie der Verkehr, aber auch die Landwirtschaft und der Gartenbau.

Luftschadstoffe

Emissionen von Luftschadstoffen (Säurebildner, Schwermetalle und organische Verbindungen) zu vermeiden oder zu-

Geologische Übersicht von Bayern

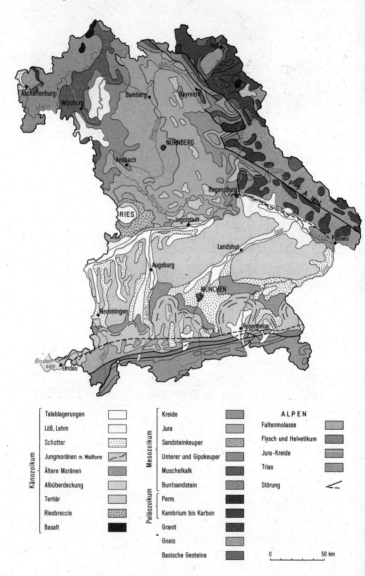

					ALPEN	
Känozoikum	Talablagerungen		**Mesozoikum**	Kreide	Faltenmolasse	
	Löß, Lehm			Jura	Flysch und Helvetikum	
	Schotter			Sandsteinkeuper	Jura-Kreide	
	Jungmoränen m. Wallform			Unterer und Gipskeuper	Trias	
	Ältere Moränen			Muschelkalk	Störung	
	Albüberdeckung			Buntsandstein		
	Tertiär		**Paläozoikum**	Perm		
	Riesbreccie			Kambrium bis Karbon		
	Basalt			Granit		
				Gneis	0 50 km	
				Basische Gesteine		

Bearbeitung : Bayerisches Geologisches Landesamt

Herausgeber : Bayerisches Staatsministerium für Landesentwicklung und Umweltfragen

mindest zu verringern, ist ein wichtiger Beitrag zum Schutz des Bodens.

Radioaktive Stoffe

Die Entwicklung der Radioaktivitätsverteilung im Boden wird in Meßprogrammen zur Ermittlung der Umweltradioaktivität im Freistaat im Rahmen des Lufthygienischen Überwachungssystems Bayern (LÜB) und des Kernreaktor-Fernüberwachungssystems (KFÜ) kontinuierlich überwacht.

Düngemittel

Nach den Grundsätzen für eine ordnungsgemäße Landbewirtschaftung sind gleichzeitig die Bodenfruchtbarkeit und die Leistungsfähigkeit des Bodens als natürliche Ressource nachhaltig zu sichern und zu verbessern. Das novellierte Düngemittelgesetz sieht vor, daß Düngemittel nur nach guter fachlicher Praxis angewandt werden dürfen. Dazu gehört, daß die Düngung nach Art, Menge und Zeitpunkt auf den Bedarf der Pflanzen und des Bodens unter Berücksichtigung der im Boden verfügbaren Nährstoffe und organischer Substanz sowie der Standort- und Anbaubedingungen ausgerichtet wird.

Pflanzenschutzmittel

Ziel der staatlichen Beratung ist es, den integrierten Pflanzenbau in der bayerischen Landwirtschaft als Bewirtschaftungsmaxime zu verankern und auf breiter Basis anzuwenden. Dabei ist der Einsatz von Pflanzenschutzmitteln auf ein unerläßliches und umweltverträgliches Maß zu verringern. Vorsorgemaßnahmen müssen auch auf den Verzicht bzw. die weitestmögliche Verringerung von Pflanzenschutzmitteln in privaten Gärten abzielen. Die Staatsforstverwaltung beschränkt die Verwendung von Forstpflanzenschutzmitteln auf das unumgänglich notwendige Maß. Dieser Grundsatz gilt auch für die Beratung von kommunalen und privaten Waldbesitzern.

Auftaumittel

Der Streusalzverbrauch der staatlichen Straßenbauverwaltung ist in den vergangenen Jahren stark zurückgegangen. Bereits 1986 wurde gesetzlich festgelegt, daß beim Winterdienst vorrangig umweltfreundliche Streumittel verwendet werden sollen und die Verwendung von Streusalz und anderen umweltschädlichen Stoffen auf das aus Gründen der Verkehrssicherheit unbedingt notwendige Maß zu beschränken ist.

Klärschlamm

Klärschlamm ist wegen seines hohen Gehalts an Nährstoffen grundsätzlich zur Düngung und Bodenverbesserung geeignet. Die Klärschlammverordnung bestimmt die Voraussetzungen für das Aufbringen von Klärschlamm auf landwirtschaftlich oder gärtnerisch genutzte Böden. Das Aufbringen auf Dauergrünland, Gemüse- und Obstanbauflächen und auf forstwirtschaftlich genutzte Böden ist verboten. Die langfristige landwirtschaftliche Verwertung von Klärschlämmen darf nicht zu einer Speicherung dauerhaft wirksamer Schadstoffe, deren Wirkungspotential heute nicht abschließend beurteilt werden kann, in Böden führen. Demnach ist die landwirtschaftliche Klärschlammverwertung langfristig nur dann vertretbar, wenn die Gehalte persistenter Schadstoffe im Klärschlamm gering sind und ausgeschlossen ist, daß gesundheitliche, ökologische oder – für den Landwirt, der Klärschlamm anwendet – wirtschaftliche Probleme entstehen.

2.2 Verminderung von Erosion und Strukturveränderungen

Maßnahmen gegen Erosion und Strukturveränderungen haben seit jeher unmittelbar den Schutz des Bodens und seiner Fruchtbarkeit zum Ziel. Ein Erosions-Atlas stellt das Ausmaß der Erosionsgefährdung landwirtschaftlich genutzter Flächen in Bayern umfassend dar. Auf die Verminderung der Erosion, die Pflege der Bodenstruktur und des bodenschonenden Maschineneinsatzes wird bei der bayerischen Landwirtschaftsberatung besonders geachtet.

Die mechanische Belastbarkeit von Böden als Pflanzenstandort wurde in einem Forschungsvorhaben untersucht. Auf der Grundlage von Belastungsparametern soll die Vor-

Erosion im Gebirge: Bergrutsch Klebalpe bei Unterammergau

hersage des Verhaltens der Böden auf mechanische Belastung ermöglicht werden.

2.3 Verringerung der Flächeninanspruchnahme

Flächennutzung

Bodenfläche wird insbesondere in Anspruch genommen für Wohn- und gewerbliche Siedlungen, öffentliche Versorgungseinrichtungen, Verkehrswege, Erholungseinrichtungen, zur Gewinnung von Bodenschätzen und zur Ablagerung von Abfällen.

Programme und Pläne der Raumordnung

Die Raumordnung ist bestrebt, die Flächeninanspruchnahme möglichst gering zu halten. Die Programme und Pläne der Raumordnung, insbesondere das Landesentwicklungsprogramm Bayern (LEP) und die Regionalpläne, beinhalten Forderungen zur Reduzierung des Landverbrauchs. Durch entsprechende räumliche Zuordnung der Nutzungen tragen sie auch den Belangen des Bodenschutzes Rechnung.

Maßnahmen in den einzelnen Fachbereichen

Der im Baugesetzbuch aufgenommene Planungsgrundsatz des sparsamen und schonenden Umgangs mit Grund und Boden (Bodenschutzklausel) verpflichtet die Gemeinden, bei der Aufstellung von Bauleitplänen dem Bodenschutz hohes Gewicht beizumessen.

Der verdichtete, flächensparende Wohnungsbau wird im Rahmen des experimentellen Wohnungs- und Städtebaus sowie mit Planungszuschüssen der Staatsregierung gefördert. Erneuerungsmaßnahmen in den Innenbereichen von Städten und Dörfern werden mit Mitteln der Städtebauförderung und des Wohnungsbaus gefördert. Die Aufwertung von Ortskernen und älteren Wohngebieten trägt dazu bei, den Entwicklungsdruck auf den Außenbereich zu begrenzen.

Mit der Neufassung der Dorferneuerungsrichtlinien vom Juni 1986 wurden die Möglichkeiten wesentlich verbessert, Maßnahmen des Bodenschutzes in den Dörfern (Entsiegelung öffentlicher und privater Flächen, Renaturierung von Gewässern) zu fördern.

Renaturierungs- und Rekultivierungsmaßnahmen nach Trocken- und Naßabbau von mineralischen Rohstoffen haben seit langem hohen Stellenwert. Von den rekultivierten Landflächen werden über 70% wieder land- und forstwirtschaftlich genutzt. Besonders charakteristische Erdaufschlüsse sollen als „Fenster in die Erdgeschichte" erhalten bleiben. Auf Dauer wird ein Verhältnis von Rekultivierung zu Renaturierung von 70 zu 30 angestrebt.

3. Grundlagenermittlung

Bodenkataster

Für gezielte bodenschützende Maßnahmen ist die umfassende Kenntnis der unterschiedlichen Böden und ihres Untergrunds, ihres Aufbaus und Stoffbestands, ihrer Verbreitung sowie ihrer Standort- und Umwelteigenschaften unabdingbar. Diese Grundlagen ermittelt das Bayerische Geolo-

Aufgelassener Basaltsteinbruch in der Rhön – heute
erdgeschichtliches Naturdenkmal (Geotop)

gische Landesamt im Rahmen seines gesetzlichen Auftrags,
vor allem mit den Arbeiten am Bodenkataster Bayern. Die
Bodenuntersuchungen bei den einschlägigen Forschungs-
und Untersuchungsvorhaben und bei der Dauerbeobachtung
erstrecken sich auf den Stoffbestand, insbesondere auch auf
Nährstoffe, Humus, anorganische und organische Problem-
stoffe sowie Radionuklide, ferner auf Erosion und Strukturveränderungen.

Bodeninformationssystem

Für das einzurichtende, EDV-gestützte Bodeninformations-
system sind die Informationen über den Boden und den tie-

Bodenkundler bei der Überprüfung eines Bodenprofils

feren Untergrund eine wesentliche Grundlage. Durch die Verknüpfung der von den Fachbehörden ermittelten Daten sollen landesweit die konkreten Risiken von Problemstoffanreicherung bzw. -auswaschung, von Versauerung, Erosion, Strukturveränderungen sowie Flächeninanspruchnahme erfaßt, beurteilt und z.B. auf thematischen Karten dargestellt werden.

B 3   Wasser

1.   Ausgangslage

1.1 Gewässergüte

Die Bemühungen, die Gewässer rein zu halten, sind in den letzten Jahren einen entscheidenden Schritt vorangekommen. Über 60% der Fließgewässer in Bayern weisen die Güteklasse II und besser auf.

Ringkanalisationen halten alle größeren bayerischen Seen, so den Starnberger See, Ammersee, Chiemsee, Simssee, Tegernsee, Schliersee, Staffelsee, Pilsensee, Wörthsee, Riegsee, Hopfensee, Bannwaldsee und Weißensee, von Abwasser frei.

Natürliche Seen und Baggerseen sind in der Regel sehr gute Badegewässer.

1.2 Gewässerbelastungen

Abwasserentsorgung

Schwerpunkt der Gewässerschutzpolitik in den vergangenen Jahrzehnten war der Bau kommunaler Abwasseranlagen. Seit 1950 hat sich die Zahl der kommunalen zentralen Kläranlagen in Bayern von damals 20 auf heute rd. 3.000 erhöht. An diese Kläranlagen, in denen neben häuslichen auch industrielle und gewerbliche Abwässer mitgereinigt werden, waren zum 31.12.1992 rd. 85% der bayerischen Bevölkerung angeschlossen.

Nahezu 98% der Gesamtkapazität der Kläranlagen mit rd. 27,1 Millionen Einwohnerwerten entfallen auf mechanisch-biologische Kläranlagen; 35% werden bereits mit Stickstoffelimination und 40% mit Phosphorelimination betrieben.

Die mechanisch-biologische Reinigung ist in der Regel jedoch keine ausreichende Barriere für gefährliche Stoffe. Bei der Komplexität dieser Stoffe und ihrer Wirkungen sind Risiken und Grenzen der Belastbarkeit nicht exakt bestimmbar. Nach dem Vorsorgeprinzip sind deshalb Emissionen solcher Stoffe, soweit sie vom Wasserhaushalt nicht vollkommen ferngehalten werden können, nach dem Stand der Technik weitestgehend zu minimieren. Die sogenannte Verdünnungsphilosophie ist keine Problemlösung. Auch darf es keine Verlagerung in andere Medien – Boden oder Luft – geben.

Ein großes Problem stellen die Nährstoffe Stickstoff und Phosphor dar. Phosphor hat als Pflanzennährstoff eine Schlüsselfunktion für das Algenwachstum und damit für die Eutrophierung. Mechanisch-biologische Kläranlagen halten Phosphor nur zu etwa 30 bis 40% zurück. Durch die Einführung der Phosphatelimination auf größeren Kläranlagen konnten die eingeleiteten Frachten im Zeitraum von 1985 bis 1993 bereits halbiert werden. Stickstoff in Form von Nitrat wirkt vor allem im Bereich der Meere eutrophierend; er ist jedoch auch im Hinblick auf die Gewinnung von Trinkwasser aus

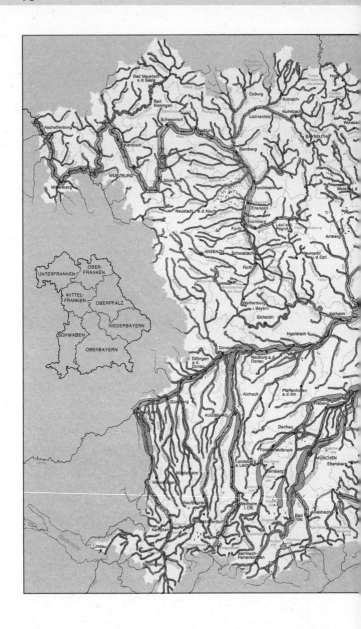

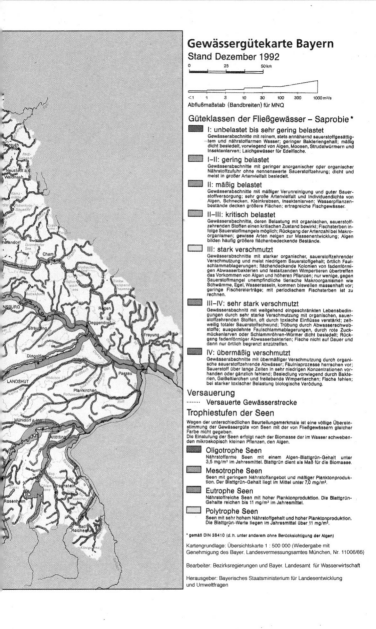

Gewässergütekarte Bayern

Stand Dezember 1992

0   25   50 km

<1   1   3   10   30   100   300   1000 m³/s

Abflußmaßstab (Bandbreiten) für MNQ

Güteklassen der Fließgewässer – Saprobie *

I: unbelastet bis sehr gering belastet

Gewässerabschnitte mit reinem, stets annähernd sauerstoffgesättigtem und nährstoffarmen Wasser; geringer Bakteriengehalt; mäßig dicht besiedelt, vorwiegend von Algen, Moosen, Strudelwürmern und Insektenlarven; Laichgewässer für Edelfische.

I–II: gering belastet

Gewässerabschnitte mit geringer anorganischer oder organischer Nährstoffzufuhr ohne nennenswerte Sauerstoffzehrung; dicht und meist in großer Artenvielfalt besiedelt.

II: mäßig belastet

Gewässerabschnitte mit mäßiger Verunreinigung und guter Sauerstoffversorgung; sehr große Artenvielfalt und Individuendichte von Algen, Schnecken, Kleinkrebsen, Insektenlarven; Wasserpflanzenbestände decken größere Flächen; ertragreiche Fischgewässer.

II–III: kritisch belastet

Gewässerabschnitte, deren Belastung mit organischen, sauerstoffzehrenden Stoffen einen kritischen Zustand bewirkt; Fischsterben infolge Sauerstoffmangels möglich; Rückgang der Artenzahl bei Makroorganismen; gewisse Arten neigen zur Massenentwicklung; Algen bilden häufig größere flächendeckende Bestände.

III: stark verschmutzt

Gewässerabschnitte mit starker organischer, sauerstoffzehrender Verschmutzung und meist niedrigem Sauerstoffgehalt; örtlich Faulschlammablagerungen; flächendeckende Kolonien von fadenförmigen Abwasserbakterien und festsitzenden Wimperntieren übertreffen das Vorkommen von Algen und höheren Pflanzen; nur wenige, gegen Sauerstoffmangel unempfindliche tierische Makroorganismen wie Schwämme, Egel, Wasserasseln, kommen biswellen massenhaft vor; geringe Fischereierträge; mit periodischem Fischsterben ist zu rechnen.

III–IV: sehr stark verschmutzt

Gewässerabschnitt mit weitgehend eingeschränkten Lebensbedingungen durch sehr starke Verschmutzung mit organischen, sauerstoffzehrenden Stoffen, oft durch toxische Einflüsse verstärkt; zeitweilig totaler Sauerstoffschwund; Trübung durch Abwasserschwebstoffe; ausgedehnte Faulschlammablagerungen, durch rote Zuckmückenlarven oder Schlammröhren-Würmer dicht besiedelt; Rückgang fadenförmiger Abwasserbakterien; Fische nicht auf Dauer und dann nur örtlich begrenzt anzutreffen.

IV: übermäßig verschmutzt

Gewässerabschnitte mit übermäßiger Verschmutzung durch organische sauerstoffzehrende Abwässer; Fäulnisprozesse herrschen vor; Sauerstoff über lange Zeiten in sehr niedrigen Konzentrationen vorhanden oder gänzlich fehlend; Besiedlung vorwiegend durch Bakterien, Geißeltierchen und freilebende Wimperntierchen; Fische fehlen; bei starker toxischer Belastung biologische Verödung.

Versauerung

.... Versauerte Gewässerstrecke

Trophiestufen der Seen

Wegen der unterschiedlichen Beurteilungsmerkmale ist eine völlige Übereinstimmung der Gewässergüte von Seen mit der von Fließgewässern gleicher Farbe nicht gegeben.
Die Einstufung der Seen erfolgt nach der Biomasse der im Wasser schwebenden mikroskopisch kleinen Pflanzen, den Algen.

Oligotrophe Seen

Nährstoffarme Seen mit einem Algen-Blattgrün-Gehalt unter 3,5 mg/m³ im Jahresmittel. Blattgrün dient als Maß für die Biomasse.

Mesotrophe Seen

Seen mit geringem Nährstoffangebot und mäßiger Planktonproduktion. Der Blattgrün-Gehalt liegt im Mittel unter 7,0 mg/m³.

Eutrophe Seen

Nährstoffreiche Seen mit hoher Planktonproduktion. Die Blattgrün-Gehalte reichen bis 11 mg/m³ im Jahresmittel.

Polytrophe Seen

Seen mit sehr hohem Nährstoffgehalt und hoher Planktonproduktion. Die Blattgrün-Werte liegen im Jahresmittel über 11 mg/m³.

* gemäß DIN 38410 (d. h. unter anderem ohne Berücksichtigung der Algen)

Kartengrundlage: Übersichtskarte 1 : 500 000 (Wiedergabe mit Genehmigung des Bayer. Landesvermessungsamtes München, Nr. 11006/86)

Bearbeiter: Bezirksregierungen und Bayer. Landesamt für Wasserwirtschaft

Herausgeber: Bayerisches Staatsministerium für Landesentwicklung und Umweltfragen

Uferfiltrat zu minimieren. Die Stickstoffelimination wird vor allem bei größeren Kläranlagen in Angriff genommen. Die in den Gewässern erzielbare Verminderung hängt jedoch wesentlich von der Reduzierung des bisher dominanten diffusen Eintrags aus der Landwirtschaft ab.

Um auch die Schmutzfrachten, die bei Regen aus Mischwasserkanalisationen in die Gewässer gelangen, möglichst weitgehend fernzuhalten, wurden die Kanalnetze in zunehmendem Umfang mit Regenbecken ausgerüstet. Derzeit bestehen in Bayern ca. 4.400 Regenbecken mit einem Gesamtvólumen von 2,12 Mio. Kubikmeter. Zur vollständigen Sanierung der Mischwasserkanalisationen ist ein Gesamtvolumen von schätzungsweise ca. 3 Mio. Kubikmeter notwendig.

Für den Bau zentraler Abwasseranlagen haben die bayerischen Gemeinden mit staatlicher Förderung in den letzten 40 Jahren rd. 21,6 Mrd. DM investiert; sie erhielten hierzu rd. 9,0 Mrd. DM Zuschüsse. Die staatlichen Fördermittel hatten in den letzten Jahren regelmäßig eine Höhe von jeweils annähernd 600 Mio. DM jährlich. Allein in den Jahren 1985 bis einschließlich 1992 wurden vom Staat für Abwasseranlagen im kommunalen Bereich rd. 4,5 Mrd. DM Zuwendungen zu Gesamtkosten von rd. 11 Mrd. DM gegeben.

In den vergangenen Jahren lag der Schwerpunkt der Investitionen bei der qualitativen Verbesserung, d.h. bei der weiteren Verringerung der Gewässerbelastungen durch Ausbau, Erweiterung und Nachrüstung bestehender Anlagen. Aufgrund eines Beschlusses des Bayerischen Landtags bildete die vorrangige Erschließung bisher noch nicht zentral entsorgter Gebiete dabei einen besonderen Schwerpunkt.

Wasch- und Reinigungsmittel

Der Phosphatverbrauch bei Wasch- und Reinigungsmitteln, früher eine der Hauptquellen der Phosphatbelastung der Gewässer, hat weiter abgenommen. Er wird – bei weiterer Anwendung phosphatfreier Waschmittel – 1995 auf ca. 7% der Gesamtphosphatbelastung gesunken sein. Schon heute ist der Phosphateintrag aus Wasch- und Reinigungsmitteln damit vergleichsweise geringer als der Anteil, der aus der Landwirtschaft (36%) stammt. Als besonders umweltfreundlich haben sich die sogenannten Baukastensysteme erwiesen, bei denen Waschmittelmenge und Enthärter getrennt dosiert werden.

Dünge- und Pflanzenschutzmittel

Düngung und Ausbringung von Pflanzenschutzmitteln können im ländlichen Raum zu Gewässerbelastungen führen. Das gilt insbesondere für kleinere Gewässer, an denen Schutzstreifen entlang der Ufer fehlen oder zu knapp bemessen sind. Fahrlässiges Einleiten von Jauche und Silosickersäften kann vor allem kleinere Gewässer erheblich schädigen.

Gewässerbelastung durch radioaktive Stoffe

In oberirdischen Gewässern (Fließgewässer und Seen) sind Auswirkungen des Reaktorunfalles in Tschernobyl praktisch kaum noch feststellbar. Auch die Untersuchung des Grundwassers zeigt keine nennenswerten Beeinflussungen durch anthropogene radioaktive Stoffe. Die Restbeta-Aktivitätskonzentrationen bewegen sich mit Werten von weniger als 0,3 Becquerel pro Liter im Bereich der natürlichen Grundbelastung.

Die an ausgewählten Oberflächenwasser-, Grundwasser-, Trinkwasser-, Abwasser- und Klärschlammproben durchgeführte alphaspektrometrische Bestimmung der Uran- und Plutoniumisotope zeigt – wie die bei diesen Proben ebenfalls durchgeführte Strontium 90-Bestimmung – keine auffälligen Befunde.

Aufgrund der Anreicherung radioaktiver Nuklide sind in Schwebstoff, Sediment und Klärschlamm die radioaktiven Immissionen aus dem Reaktorunfall in Tschernobyl 1986 immer noch deutlich zu erkennen. Allerdings war insoweit im Lauf der Jahre ein Rückgang feststellbar. Im Jahre 1992 lag die Cäsium 137-Aktivität mit Werten von maximal 1.790 Bq/kg TS (= Becquerel pro Kilogramm Trockensubstanz) für Sediment und 460 Bq/kg TS für Klärschlamm im Bereich der natürlich bedingten spezifischen Kalium 40-Aktivität der untersuchten Proben (20-1000 Bq/kg TS).

1.3 Grundwasser

Bayern, insbesondere Südbayern, ist reich an qualitativ hochwertigem Grundwasser. Dieses Wasser deckt zu 95% den Trinkwasserbedarf Bayerns – meist ohne Aufbereitung. Grundwasser ist aber auch wesentlicher Teil des Ökosystems; es tritt in Quellen und Feuchtflächen zu Tage und speist Bäche sowie Flüsse.

Die Qualität des Grundwassers wirkt sich damit nicht nur auf die menschliche Gesundheit, sondern auch unmittelbar auf die ganze Umwelt aus.

Die intensive Überwachung des Grund- und Trinkwassers durch die Wasserwirtschafts- und Gesundheitsbehörden bestätigt das insgesamt qualitativ günstige Bild, zeigt bereichsweise aber auch Probleme auf. So ergeben die bayernweiten Nitratuntersuchungen anhaltend zu hohe, stellenweise sogar zunehmende Belastungen. Kritisch ist teilweise auch die Belastung mit Pflanzenschutzmitteln. Dabei stehen das seit 1991 in Deutschland verbotene Atrazin und seine Abbauprodukte nach wie vor als Hauptverursacher fest.

Typisch für Grundwasserverunreinigungen ist deren „Langlebigkeit". Sie erweist sich auch deshalb als schwerwiegend, weil die Reparatur eingetretener Schäden schwierig und kostspielig sowie letztlich weder technisch noch wirtschaftlich sinnvoll ist. Abhilfe verspricht auf Dauer nur gezieltes Zurückdrängen der Ursachen entsprechend dem Vorsorgeprinzip.

Bedenklich ist, daß in zwar seltenen Fällen – bei allerdings steigender Tendenz – Schadstoffe in den tiefen, d.h. in der Regel Jahrtausende alten Grundwässern festzustellen sind.

2. Ziele und Maßnahmen

2.1 Vorsorge durch Grundlagenermittlung

Technische Gewässeraufsicht

Flußmeister, Biologen, Chemiker, Hydrologen, Landschaftspfleger und Ingenieure überwachen regelmäßig die Gewäs-

Pflanzenschutzmittel im Trinkwasser der öffentlichen Wasserversorgung in Bayern

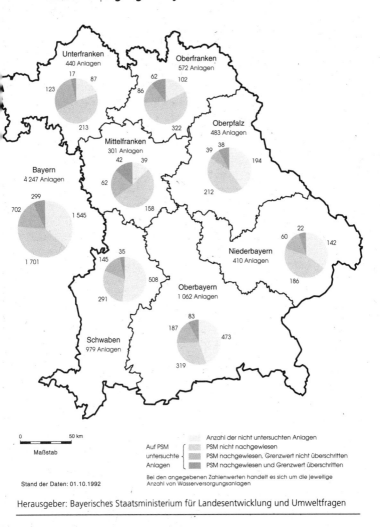

Unterfranken
440 Anlagen
17 · 87 · 123 · 213

Oberfranken
572 Anlagen
62 · 102 · 86 · 322

Mittelfranken
301 Anlagen
42 · 39 · 62 · 158

Oberpfalz
483 Anlagen
39 · 38 · 194 · 212

Bayern
4 247 Anlagen
299 · 702 · 1 545 · 1 701

Niederbayern
410 Anlagen
60 · 22 · 142 · 186

Schwaben
979 Anlagen
145 · 35 · 508 · 291

Oberbayern
1 062 Anlagen
83 · 187 · 473 · 319

0   50 km
Maßstab

Stand der Daten: 01.10.1992

Auf PSM untersuchte Anlagen:
Anzahl der nicht untersuchten Anlagen
PSM nicht nachgewiesen
PSM nachgewiesen, Grenzwert nicht überschritten
PSM nachgewiesen und Grenzwert überschritten

Bei den angegebenen Zahlenwerten handelt es sich um die jeweilige Anzahl von Wasserversorgungsanlagen

Herausgeber: Bayerisches Staatsministerium für Landesentwicklung und Umweltfragen

ser und die Benutzungsanlagen. Mit gewässerkundlichen Messungen schaffen sie die Grundlagen für das wasserwirtschaftliche Planen und Handeln. Schwerpunkte sind die

Überwachung der Beschaffenheit der Gewässer – der Flüsse, der Seen und des Grundwassers – und die Kontrolle der Gewässerbenutzungsanlagen, z. B. der kommunalen, industriellen und gewerblichen Abwassereinleitungen, auch hinsichtlich der Emissionen aus gen- und kerntechnischen Anlagen sowie sicherheitstechnischen Fragen bei Wasserbauten. Besondere Aufmerksamkeit gilt dabei den eutrophierenden, schwer abbaubaren und giftigen Substanzen. Für die Untersuchungen stehen Labors mit der neuesten apparativen Ausstattung zur Verfügung.

Die Gewässerüberwachung ist Aufgabe der staatlichen Gewässeraufsichtsbehörden. Sie setzt aber auch die Eigeninitiative der Bürger als Verbraucher und die Eigenüberwachung des Gewerbe- oder Industriebetriebs sowie der Kommunen voraus. Seit Jahren ist es deshalb Aufgabe der technischen Gewässeraufsicht, die Eigenüberwachung der Betreiber zu stärken (z. B. durch Kläranlagen- und Wasserwerksnachbarschaften). Bei den Sanierungsmaßnahmen nach Unfällen mit wassergefährdenden Stoffen und bei der Erkundung von Altlasten wirken die Fachleute der technischen Gewässeraufsicht sachverständig mit. Zur Information und zum Schutz der Bürger wurde der Bayerische Lawinenwarndienst eingerichtet. Aktuelle Messungen beim Hochwassernachrichtendienst und Gewässerwarndienst ermöglichen die rechtzeitige Warnung vor Hochwasser und kritischen Gewässerzuständen.

Grundlagenforschung

Zu den Schwerpunkten der praxisbezogenen Grundlagenforschung zählt heute, die Einflüsse von Nähr- und Schadstoffen auf den Lebensraum Wasser sowie die Ökologie und den Artenschutz in den Gewässern zu untersuchen. In ihrem Bestand bedrohte Arten, z.B. der Flußkrebs, der Huchen und die Seeforelle, werden gezüchtet und in geeigneten Gewässern wieder eingesetzt. Besonderes Augenmerk wird auf das Ökosystem kleiner Gewässer gelegt. In diesem Zusammenhang ist es eine wichtige Aufgabe, die Flußperlmuschel zu erhalten und wieder heimisch werden zu lassen.

Planung

Die wasserwirtschaftliche Rahmenplanung als Instrument der Umweltvorsorge ermöglicht die großräumige Zusammenschau der wasserwirtschaftlichen Situation und deren zukünftige Entwicklung über Verwaltungs- und Regionsgrenzen hinweg.

Der Wasserwirtschaftliche Rahmenplan Main mit einem Planungsraum von ca. 12.000 km² ist im Entwurf fertiggestellt. Besondere Schwerpunkte dieses Rahmenplans sind die schwierige Situation der Trinkwasserversorgung im wasserarmen Unterfranken sowie die Möglichkeiten einer Abflußregelung am Roten Main.

Mit der Wasserwirtschaftlichen Rahmenuntersuchung Salzach wurde begonnen. Planungsraum ist der engere Talraum des Grenzgewässers Salzach. Ziel ist die Entwicklung eines ökologischen bayerisch-österreichischen Gesamtkonzepts zur Erhaltung des Lebensraums Salzach.

2.2 Schutz der oberirdischen Gewässer

Die wesentlichen Aufgaben des Gewässerschutzes für die nächsten Jahre lassen sich wie folgt zusammenfassen:

– Die Ableitung gefährlicher Stoffe muß durch Maßnahmen an der Quelle der Verschmutzung weitestgehend reduziert werden.

– Anlagen, in denen mit wassergefährdenden Stoffen umgegangen wird, müssen zum Schutz der Gewässer vor diesen Stoffen verstärkt mit entsprechenden Sicherheitseinrichtungen (Mehrfachbarrieren-Systeme) ausgerüstet werden.

– Diffuse Belastungen der Gewässer durch gefährliche Stoffe und durch die Nährstoffe Stickstoff und Phosphor müssen entscheidend vermindert werden.

– Der Ausbau von Kläranlagen mit ungenügender Reinigungsleistung muß entsprechend den gesetzlichen Anforderungen konsequent weiterverfolgt werden.

– Für bisher noch nicht zentral entsorgte Orte müssen zur Verbesserung der Gewässergüte in den Oberläufen der Gewässer Kanalnetze und Kläranlagen erstellt werden.

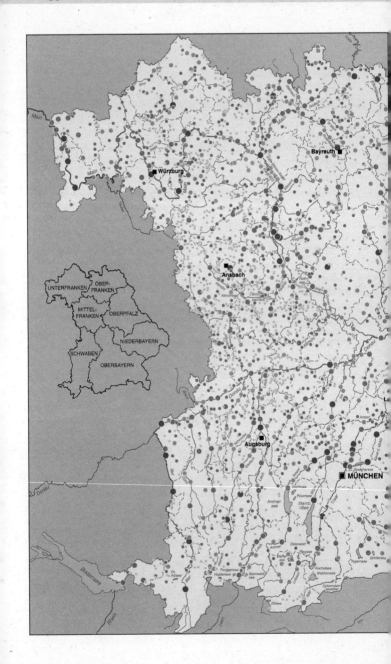

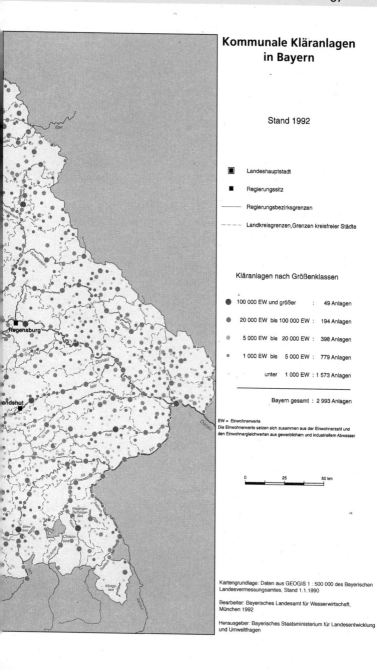

Kommunale Kläranlagen in Bayern

Stand 1992

- ■ Landeshauptstadt
- ■ Regierungssitz
- ⸺⸺⸺ Regierungsbezirksgrenzen
- ⸻ ⸻ Landkreisgrenzen, Grenzen kreisfreier Städte

Kläranlagen nach Größenklassen

● 100 000 EW und größer	:	49 Anlagen
● 20 000 EW bis 100 000 EW	:	194 Anlagen
● 5 000 EW bis 20 000 EW	:	398 Anlagen
● 1 000 EW bis 5 000 EW	:	779 Anlagen
unter 1 000 EW	:	1 573 Anlagen

Bayern gesamt : 2 993 Anlagen

EW = Einwohnerwerte
Die Einwohnerwerte setzen sich zusammen aus der Einwohnerzahl und den Einwohnergleichwerten aus gewerblichem und industriellem Abwasser

0   25   50 km

Kartengrundlage: Daten aus GEOGIS 1 : 500 000 des Bayerischen Landesvermessungsamtes, Stand 1.1.1990

Bearbeiter: Bayerisches Landesamt für Wasserwirtschaft, München 1992

Herausgeber: Bayerisches Staatsministerium für Landesentwicklung und Umweltfragen

Kommunale Abwasseranlagen

Die Anforderungen an die Behandlung kommunaler Abwässer wurden in den letzten Jahren – auch angesichts von Algenentwicklung und Robbensterben in der Nordsee – mehrfach verschärft. Für die größeren Kläranlagen bedeutet dies die Stickstoffelimination durch Nitrifikation und Denitrifikation sowie eine weitgehende Phosphatfällung in der Regel mit Filtration.

Bayern war auf diese Entwicklung vorbereitet und hat frühzeitig mit der Umsetzung der erforderlichen Maßnahmen begonnen. Derzeit werden bereits 35% der Kläranlagenkapazität mit Denitrifikation und 40% mit Phosphorelimination betrieben.

Neben dem Bau von Abwasseranlagen für bisher noch nicht entsorgte Gebiete und der Anpassung von Klärwerken an die gestiegenen Anforderungen fallen zukünftig auch in zunehmendem Maße Investitionen für abgeschriebene Anlagenteile an. Hinzu kommen Maßnahmen für die immer aufwendigere Klärschlammbehandlung und -entwässerung.

Ein weiteres Problemfeld mit einer finanziellen Größenordnung von landesweit etwa 4 – 5 Mrd. DM ist die Sanierung schadhafter Kanalisationen.

Seenreinhaltung

Um den hohen Standard der Seenreinhaltung zu erhalten bzw. in Einzelfällen noch zu verbessern, sind weitere Sanierungsanstrengungen in den Einzugsgebieten – insbesondere im landwirtschaftlichen Bereich – sowie der Ausbau der Ortsentwässerungen vordringlich. Die 1989 fertiggestellte Ringkanalisation am Chiemsee hält die im Abwasser befindlichen Nährstoffe aus dem See-Umland sowie den Inseln Frauen- und Herrenchiemsee vom See fern. Damit wird ein wichtiger Beitrag zur trophischen Rückentwicklung des Sees erbracht. Ziel bleibt es weiterhin, die Schadstofffrachten im Einzugsgebiet (Einführung der Phosphatelimierung auf Tiroler Kläranlagen, Landwirtschaft) zu verringern, um mesotrophe Verhältnisse zu erreichen.

Behandlung von Industrieabwasser

Industrielle Abwassereinleitungen sind direkt bzw. indirekt in z.T. erheblichem Umfang an der Belastung der Gewässer beteiligt. In den letzten Jahren wurden daher, insbesondere durch die Verschärfung der Wassergesetze, verstärkt Anstrengungen unternommen, bei der Weiterentwicklung der Abwasserreinigungstechniken vor allem gewässerschonende Herstellungsverfahren voranzutreiben. In einigen Industriezweigen mit traditionell hochbelasteten Abwässern sind inzwischen Verfahren im Einsatz bzw. in der Erprobung, die durch Kreislaufführung, Stoffsubstitution und Stoffrückgewinnung die umweltbelastenden Emissionen bereits im Herstellungsprozeß minimieren.

Verminderung von Stoffeinträgen aus der Landwirtschaft

Gewässerbelastungen durch landwirtschaftliche Bodennutzung können in erster Linie aufgrund unsachgemäßer Düngung bzw. Düngung in der vegetationslosen Zeit sowie aufgrund nicht ordnungsgemäßen Einsatzes von Pflanzenschutzmitteln entstehen. Daneben kann insbesondere der verstärkte Anbau von Mais die Erosionsanfälligkeit erhöhen.

Geeignete Gegenmaßnahmen sind:

– die Erhaltung von Grünland und die Umwandlung erosionsanfälliger und überschwemmungsbedrohter Ackerflächen in Dauergrünland,

– die Herausnahme von Uferschutzstreifen – möglichst von 10m Breite – aus der landwirtschaftlichen Nutzung sowie

– die Erforschung, Entwicklung und Anwendung von schonenden Anbau- und Bodenbearbeitungstechniken sowie von umweltverträglichen Pflanzenschutzmitteln.

2.3 Grundwasserschutz

Grundwasser ist als Rohstoff für unser kostbarstes Lebensmittel – das Trinkwasser – unersetzlich. Naturfremde Stoffe gehören aus Gründen der Umwelt- und Gesundheitsvorsorge weder in das Grund- noch in das Trinkwasser. Leitgedanke des Grundwasserschutzes ist es, die natürliche Beschaf-

Wasser – unser wichtigstes Lebensmittel

fenheit des Grundwassers zu sichern. Grundwasserschutz muß sich schon deshalb am Vorsorge- und Besorgnisgrundsatz orientieren und bereits am Entstehungsort von Gefährdungen ansetzen, weil sich Grundwasserverunreinigungen, wenn überhaupt, nur schwierig und kostenintensiv wieder beseitigen lassen.

Erfolgversprechender Trinkwasserschutz ist nur möglich, wenn die Erfordernisse des allgemeinen Grundwasserschutzes flächendeckend erfüllt werden.

Verminderung von Stoffeinträgen aus der Landwirtschaft

Die Einträge von Nitrat und Pflanzenschutzmitteln aus der landwirtschaftlichen Nutzung sind immer noch nachweislich zu hoch. Nahziel der eingeleiteten Maßnahmen muß es sein, den weiteren Anstieg der Belastungen zu verhindern. Mittelfristig sind die Einträge aus diesen „diffusen" Quellen auf ein flächendeckend umweltverträgliches – d.h. auch grundwasserunschädliches – Maß zu reduzieren. Bereits belastete Bereiche müssen saniert werden. Mit besonderer Dringlichkeit gilt dies für die belasteten Trinkwassereinzugsgebiete.

Grundwasserschadensfälle

Von Altlasten und Unfällen mit wassergefährdenden Stoffen gehen schädigende Einflüsse auf das Grundwasser aus. Zur Wiederherstellung einer annähernd ursprünglichen Grundwasserqualität sind in zunehmendem Umfang kostenaufwendige Sanierungen geboten. Daher sind die Anstrengungen zu verstärken, den Eintrag wassergefährdender Stoffe, insbesondere der leicht flüchtigen halogenierten Kohlenwasserstoffe (LHKW), ins Grundwasser zu verhindern.

Besonders in Ballungsgebieten und Industriestandorten waren bei gezielten Untersuchungen vermehrt Gewässerschäden festzustellen. Die häufigsten Grundwassergefährdungen waren dabei auf die wegen ihrer Beweglichkeit und Langlebigkeit bekannte Stoffgruppe der LHKW zurückzuführen.

Bei den punktförmigen Belastungen, z.B. durch Öl oder chlorierte Kohlenwasserstoffe (CKW), bildet die konsequente Erfüllung der Gewässerschutzauflagen zum Umgang mit wassergefährdenden Stoffen eine ausreichende Garantie für den Schutz des Grundwassers.

Sicherung der Wasserversorgung

Mit über 2.700 Wasserversorgungsunternehmen und mehr als 4.000 Wassergewinnungsanlagen in den 2.051 Gemeinden verfügt Bayern über eine gesunde Klein- und Mischstruktur. Es hat im Vergleich zu anderen Bundesländern die weitaus größte Zahl ortsnaher Gewinnungsanlagen. Um dennoch die einwandfreie Qualität des Trinkwassers sicherzustellen, ist in besonderem Maße darauf zu achten, daß die Ursachen von Grundwasserbelastungen über Produktionsverbote bzw. –einschränkungen, insbesondere ubiquitär vorkommender Pflanzenschutzmittel, flächendeckend vermieden bzw. beseitigt werden.

Daneben sollen Wasserschutzgebiete für öffentliche Trink-
wassergewinnungsanlagen eine gezielte Standortsicherung
vor besonderen örtlichen Gefahrenherden und vor bakteri-
ellen Belastungen gewährleisten. Bei der Ausweisung von
Wasserschutzgebieten hat Bayern einen vorbildlichen Stand
erreicht. Fast 90% der über 4.000 erforderlichen Wasserschutzgebiete sind bereits festgesetzt; für die übrigen Gebiete laufen wasserrechtliche Verfahren. Die Wasserschutzgebiete erfassen rund 3,5% der Landesfläche Bayerns.

Der Schutz des Grundwassers ist auch auf den künftigen
Bedarf der Trinkwasserversorgung ausgerichtet. Nach dem
Grundwassererkundungsprogramm der Staatsregierung werden alle bedeutsamen Vorkommen erkundet und für eine
spätere Nutzung vorsorglich gesichert.

2.4 Verbesserung des Wasser- und Naturhaushalts

Gewässerpflege

Die ungemein vielfältigen Fließgewässer Bayerns erfordern
eine sehr individuelle, auf den jeweiligen Gewässertyp zu-
geschnittene Behandlung. Die Grundlagen dafür bilden
Gewässerpflegepläne. Sie stellen ab auf gezielte Erhaltung,
gelenkte Entwicklung und naturschonende Gestaltung.

Bei notwendigen Ausbau- und Unterhaltungsmaßnahmen
wird vorzugsweise auf Lebendbauweisen zurückgegriffen.
Ziel ist es, eine möglichst hohe Strukturvielfalt des Gewässer-
betts und der Uferzonen zu erreichen. Technisch geprägte
Abflußgerinne aus früherer Zeit werden nach und nach in
naturnahe Formen zurückgeführt.

Gewässer bilden mit ihren Ufern, Gehölzsäumen und Auwaldresten wichtige Lebensräume und Ausbreitungsbänder,
deren Wirkungen weit über die Gewässer- und Uferflächen
selbst hinausreichen. Wesentlicher Bestandteil dieses „ökologischen Rückgrats" der Talräume sind naturnahe Uferbereiche, denen wegen ihrer Filter- und Pufferfunktionen
auch für den Gewässerschutz hoher Stellenwert zukommt.

Zur Sicherung und Wiederbegründung gewässerökologischer
Funktionen wurden an den Gewässern erster und zweiter

Ergebnis einer naturnahen Gewässerpflege

Ordnung bisher etwa 50% bzw. 25% der Ufer in öffentliches Eigentum übergeführt. An den zahlreichen kleinen Fließgewässern wird mit Nachdruck auf eine extensive Bewirtschaftung der Uferbereiche hingewirkt.

Rückhalte- und Speicherfähigkeit der Landschaft

Damit die Landschaft rückhalte- und speicherfähig bleibt, müssen wasserwirtschaftlich sensible Flächen vor nachteiligen Veränderungen bewahrt werden. Dazu gehören Grünflächen in Bachtälern und Muldenzügen, das Dauergrünland in Überschwemmungsgebieten der Flüsse sowie abflußhemmende Strukturen im hügeligen Gelände – wie hangparallele Ackerfurchen, Raine und Hecken. Die abflußverzögernde Wirkung von Teichen und kleinen Rückhaltebecken berücksichtigt die Flurbereinigung heute verstärkt.

Auch in Siedlungsgebieten kann durch Verbesserung der Versickerungsfähigkeit von Flächen der Wasserhaushalt positiv beeinflußt werden. Es gibt viele Möglichkeiten, Flächen durchlässig zu gestalten, wo ein dichter Belag nicht unbedingt erforderlich ist. Das „pflegeleichte" asphaltierte Dorf ist jedenfalls alles andere als umweltfreundlich. Heute gehört die Versickerung von Niederschlagswasser, soweit sie im Siedlungsbereich, bei Straßenentwässerungen sowie beim Wegebau und bei Bodenkulturenunternehmen im ländlichen Raum aus der Sicht des Gewässerschutzes möglich und zweckmäßig ist, zur guten fachlichen Praxis.

Die flächenhafte Pflege des Wasserhaushalts zur dezentralen Wasserrückhaltung ist eine elementare wasserwirtschaftliche Forderung; sie kann jedoch nicht alle Probleme lösen. Zur gezielten Hochwasserrückhaltung und Niedrigwasseraufhöhung bedarf es zentraler Regelelemente. Bayern verfügt über 22 staatliche Talsperren und Rückhaltebecken, die diese Aufgabe erfüllen und daneben auch noch Erholungsmöglichkeiten für die Bevölkerung bieten.

Überregionaler Wasserausgleich

Während Südbayern aufgrund überdurchschnittlicher Niederschläge über ein reichliches Wasserdargebot verfügt, gibt es in Nordbayern Gebiete, die vor allem in Trockenjahren unter erheblichem Wassermangel leiden. An Regnitz und Main, wo immerhin fünf von zehn Verdichtungsräumen Bayerns liegen, kann das Wasser zum entscheidenden Faktor bei der Sicherung und Verbesserung von Wirtschaftsstandorten werden. `

Der überregionale Wasserausgleich zwischen Donau- und Maingebiet schafft Entwicklungsspielraum neu – ganz im Sinne auch der übergeordneten landesplanerischen Zielsetzung gleichwertiger Lebens- und Arbeitsbedingungen im ganzen Lande. Außerdem kommt die Stärkung der wasserwirtschaftlichen Ausgangsbasis der Entwicklung des mittelfränkischen Wirtschaftsraumes zum neuen Verkehrs- und Wirtschaftszentrum gegenüber den neuen Bundesländern und der Tschechischen Republik zugute. Regnitz und Main erhalten ein zusätzliches Wasserdargebot von jährlich durch-

Überleitung von Donau- und Altmühlwasser nach Nordbayern:
Rothsee und Main-Donau-Kanal mit Schleuse Eckersmühlen

schnittlich etwa 150 Mio. Kubikmetern. Kernstück des Über-
leitungssystems sind die drei Wasserspeicher Brombachsee,
Altmühlsee und Rothsee. Dieses neue „Fränkische Seenland"
bringt vor allem für die Bevölkerung des Wirtschaftsraumes
Nürnberg-Fürth-Erlangen Erholungsmöglichkeiten und gibt
dem strukturschwachen westmittelfränkischen Gebiet
Entwicklungsimpulse. Der erste Teil der Wasserüberleitung
nach Franken wurde im Herbst 1993 in Betrieb genommen.

Restwasser für Ausleitungsstrecken

Ausleitungsstrecken sind – auf eine kurze Formel gebracht –
Flußabschnitte, denen das Wasser zur Energieerzeugung ent-
zogen wird. Zu ihrer Wiederbelebung unternimmt die Staatsregierung seit Jahren intensive Anstrengungen. Wasser-
wirtschaftliches Ziel ist es, ein Fließgewässer mit biologisch
intaktem Lebensraum wiederherzustellen.

Allerdings darf nicht unberücksichtigt bleiben: Die Stromerzeugung aus Wasserkräften nimmt weder fossile noch nukleare Energiereserven in Anspruch, verursacht keine Rückstände (Schlacke, Brennelemente) und belastet auch die Atmosphäre nicht. Außerdem bedeuten Restwasserfestsetzungen im Einzelfall nicht unerhebliche wirtschaftliche Verluste. Deshalb bedarf es bei der Anpassung älterer Ausleitungskraftwerke an gewässerökologische Belange einer sehr sorgfältigen Abwägung im Sinne einer ökonomisch-ökologischen Gesamtbilanzierung.

Bei einer Reihe von Ausleitungsstrecken gehört die ökologische Verarmung bereits der Vergangenheit an. Dies gilt beispielsweise für die Teilrückleitung der oberen Isar und die Revitalisierung von Teilstrecken der Iller, der Mangfall, Leitzach und der Alz. Für weitere Ausleitungsstrecken, wie z.B. am Lech unterhalb von Augsburg und an der Isar südlich von München, sind Restwasserregelungen in Vorbereitung. Grundlage dafür bilden jeweils fachübergreifende Gesamtbetrachtungen, an denen Wasserwirtschaftler, Gewässerbiologen, Landschaftspfleger, Fischereifachberater sowie ggf. Experten für Spezialfragen – z.B. des Artenschutzes – mitwirken.

Sanierung erosionsbedrohter Flußabschnitte

Fließgewässer wurden seit dem Mittelalter den wasserwirtschaftlichen Bedürfnissen des Menschen angepaßt und vor allem im Zeitalter der Technik für den Hochwasserschutz der Siedlungsräume, zur Wasserkraftnutzung sowie zur Schiffahrt umgestaltet.

An den größtenteils zur Wasserkraftnutzung staugeregelten südbayerischen Alpenflüssen ist der Geschiebetrieb weitgehend zum Erliegen gekommen. Die verbliebenen freien Fließstrecken sind in ihrem morphologischen Gleichgewicht grundlegend gestört und tiefen sich ein. Um der drohenden Grundwasserabsenkung mit den bekannten schädlichen Folgen für Wasser- und Naturhaushalt (Schädigung von Auwaldresten, Verlust von Feuchtbiotopen und Altwässern) zu begegnen, erwiesen sich sohlstützende Elemente als unverzichtbar. Sie wurden zur Sanierung der unteren Isar, des

Natürlich gestalteter Staubereich der Stützkraftstufe Landau/untere Isar

Inns im Raum Nußdorf/Oberaudorf und an der Donau bei Vohburg in Form von Stützkraftstufen verwirklicht. Als Musterbeispiel für eine durch umfangreiche landschaftspflegerische Begleitmaßnahmen ökologisch optimierte Lösung gilt die Stützkraftstufe Landau an der unteren Isar. Für die eintiefungsbedrohte Salzach werden derzeit Vorstellungen für geeignete Gegenmaßnahmen in der „Wasserwirtschaftlichen Rahmenuntersuchung Salzach" entwickelt.

Hochwasserschutz

Der Hochwassergefahr ist über viele Jahrzehnte hinweg durch den konsequent betriebenen Ausbau von Deichsystemen, Hochwasserschutzmauern und Rückhaltebecken entgegengewirkt worden. Noch ist aber vielerorts das Restrisiko zu hoch. Auch sind die Talräume als wichtige Achsen der Landesentwicklung mit Siedlungsgebieten, Verkehrs- und anderen Infrastrukturanlagen gegen Störungen und Schäden durch Überflutungen außerordentlich empfindlich geworden.

Von der Bevölkerung wird die Notwendigkeit von Hochwasserschutzmaßnahmen und die tatsächliche Sicherheit nicht selten falsch eingeschätzt, weil große Hochwasser z.T. mehr als 100 Jahre zurückliegen. Damals hat es noch keine Flußregelungen, Entwässerungen, Flurbereinigungen und Bodenversiegelungen gegeben. Deshalb ist das Schlagwort von den „hausgemachten Hochwasserkatastrophen" irreführend.

Aktuelle Hochwasserschutzmaßnahmen sind insbesondere die Vervollständigung der Schutzsysteme in den Donaustädten Kelheim, Regensburg, Straubing, Bogen, Deggendorf und Donauwörth sowie in Würzburg (Main) und Kempten (Iller).

Erosionsschutz-, Wildbach-, und Lawinenverbauung

Die Pflege des Wasserhaushalts ist für das Bergland und für das Abflußgeschehen in den Gebirgstälern und Alpenflüssen

Lawinenverbauung Zipfelschrofen, Markt Hindelang (rot: Lawinenstrich; hellrot: Lawinenbruch mit geplanter Verbauung; gelb: bestehende Verbauung)

von ausschlaggebender Bedeutung. Im Rahmen des Programms „Schutz vor Wildbächen und Lawinen – Programm 2000" trifft die Wasserwirtschaft zukunftsorientierte Vorsorgemaßnahmen. Die nachhaltige Verjüngung der Bergwälder durch gezielte Verminderung von Wildverbiß und Waldweide ist jedoch Voraussetzung für die Sicherstellung eines ausreichenden Schutzes. Bei der Bemessung von Schutz- und Sicherungseinrichtungen sind auch mögliche Auswirkungen von Boden- und Waldschäden sowie der Einfluß von Klimaänderungen auf das Wildbach- und Lawinengeschehen zu berücksichtigen.

3. Rechtliche Grundlagen

Die Bestrebungen zu einem verstärkten Gewässerschutz haben sich im Erlaß und in der Änderung zahlreicher bundes- und landesrechtlicher Vorschriften niedergeschlagen. Schwerpunkte waren dabei,

- verschärfte Mindestanforderungen an gewerbliche Abwassereinleitungen,
- erhöhte Anforderungen an die technische Ausgestaltung von Abwasserreinigungsanlagen,
- verstärkte Anreize des Abwasserabgabenrechts zur Vermeidung von Gewässerbelastungen,
- erweitere Möglichkeiten der Durchsetzung gewässerökologischer Belange bei alten Ausleitungskraftwerken.

Die Regelungen des Wasserrechts sind z.T. sehr detailliert und von den Vorgaben des Bundesrechts und EG-Rechts geprägt. Aufgabe des Landeswasserrechts muß es deshalb sein, einen möglichst effektiven Vollzug der wasser- und abwasserrechtlichen Vorschriften bei Minimierung des dafür erforderlichen Verwaltungsaufwandes zu gewährleisten. Mit dem von der Staatsregierung 1993 vorgelegten Gesetzentwurf zur „Vereinfachung und Beschleunigung bau- und wasserrechtlicher Vorschriften" wird durch Einführung einer Erlaubnisfiktion bei eher unbedeutenden Gewässerbenutzungen und der verstärkten Eigenverantwortung der Anlagenbetreiber diesem Umstand Rechnung getragen. Daneben wird erstmals durch spezialgesetzliche Vorgabe für die Sanierung von Gewässer- und Bodenverunreinigungen eine Zusammenfassung des notwendigen behördlichen Handelns erreicht.

Aufgabe der weiteren Rechtsentwicklung wird es sein, durch klare rechtliche Vorgaben die Eigenverantwortung zu stärken und ein straffes Verwaltungsverfahren zu gewährleisten.

B 4 Luft

1. Ausgangslage

1.1 Lufthygienische Überwachung

Sollen Maßnahmen zur Luftreinhaltung Erfolg haben, müssen sie sich auf objektive Analysen der jeweiligen lufthygienischen Belastungssituation stützen können. Bayern hat deshalb schon frühzeitig ein jeweils am neuesten Stand der Technik orientiertes vorbildliches System zur Überwachung der Luftgüte aufgebaut. Bereits 1974 wurde das erste vollautomatische und kontinuierlich arbeitende Luftgütemeßnetz der Welt in Betrieb genommen. Dieses Lufthygienische Landesüberwachungssystem Bayern (LÜB) umfaßt zur Zeit (Stand: Juli 1993) mehrere mobile Meßfahrzeuge sowie 73 kontinuierlich arbeitende, computergesteuerte Meßstationen. Diese Meßstationen befinden sich insbesondere an Industrie- und Siedlungsschwerpunkten, aber auch in industriefernen Gebieten.

Die Meßstationen registrieren je nach Geräteausstattung u.a. die Konzentration von Schwefeldioxid, Staub, Kohlenmonoxid, Stickstoffoxiden, Kohlenwasserstoffen und Ozon in der bodennahen Luft. Zudem werden meteorologische Größen wie Windrichtung, Windgeschwindigkeit, Lufttemperatur, Feuchte, Luftdruck und Globalstrahlung erfaßt, um auch Herkunft und Ausbreitung der Luftschadstoffe beurteilen zu können.

Die an den Meßstationen ermittelten Daten werden vollautomatisch an die Meßnetzzentrale in München weitergeleitet und von dort – mehrmals täglich aktualisiert – über das

Lufthygienisches Landesüberwachungssystem Bayern (LÜB)

▲ Meßnetzzentrale

▲ Meßstationen (unbefristet)

● Meßstationen (befristet oder im Unterauftrag)

LÜB derzeit insges. 71 Meßstationen

Stand: Januar 1994

Quelle: Bayerisches Landesamt für Umweltschutz
Herausgeber: Bayerisches Staatsministerium für Landesentwicklung und Umweltfragen

Videotextsystem „Bayerntext" des Bayerischen Rundfunks sowie über das Btx-System der Telekom bekanntgegeben.

Darüber hinaus werden die Luftmeßdaten regelmäßig in Wochen-, Monats- und Jahresberichten zusammengefaßt und veröffentlicht. Dies gewährleistet die umfassende Information der Öffentlichkeit über die jeweilige lufthygienische Situation.

Regelmäßige Stichprobenmessungen mit mobilen Einheiten sowie landesweite Meßflüge ergänzen die kontinuierlichen Messungen. Die Messungen ermöglichen es, die Bildung von Smog sowie das Entstehen sonstiger Belastungssituationen frühzeitig erkennen, notwendige Vorsorge- und Sanierungs- maßnahmen rechtzeitig ergreifen und die Wirksamkeit be- reits durchgeführter Maßnahmen zur Emissionsminderung kontrollieren zu können.

Schwefeldioxid (SO$_2$)

Langjährige Messungen in ganz Bayern belegen, daß die Immissionskonzentration bei Schwefeldioxid trotz der stei- genden Produktionszahlen und Energieumsätze in der baye- rischen Volkswirtschaft in den letzten Jahren landesweit rück- läufig ist. So liegt die mittlere SO$_2$-Belastung bespielsweise in München bei derzeit ca. 10 Mikrogramm und damit in einer Größenordnung, die früher für Reinluftgebiete typisch war. In den anderen Landesteilen sind ähnliche Entwicklun- gen festzustellen.

Erhöhte SO$_2$-Konzentrationen können allerdings noch im- mer im Norden und Nordosten Bayerns bei bestimmten Wet- terlagen auftreten, die zu großräumigen Schadstoffverfrach- tungen aus den neuen Bundesländern und aus der Tsche- chischen Republik führen. Maßnahmen, die die lufthygieni- sche Situation verbessern werden, zum Beispiel die Sanie- rung von Anlagen in Thüringen und Sachsen sowie die Stil- legung von Kraftwerken und die Installation von Rauchgas- reinigungsanlagen in tschechischen Kraftwerken, sind jedoch bereits eingeleitet. Der Freistaat Bayern leistet dabei maß- gebliche technische und finanzielle Hilfe.

In Bayern ist der SO$_2$-Ausstoß drastisch zurückgegangen. Ins- gesamt haben die Schwefeldioxidemissionen in Bayern von 720.000 Jahrestonnen 1976 auf etwa 120.000 Jahrestonnen 1991 abgenommen.

Die mit Abstand größte Minderung wurde bei den bayeri- schen Kraft- und Heizwerken erreicht. Dort sind die Jahres- emissionen von 430.000 t 1976 auf nur noch 23.000 Jahres- tonnen 1991 zurückgegangen, obwohl die Stromerzeugung

Ergebnisse kontinuierlicher Schwefeldioxid-Messungen 1993

Milligramm SO$_2$
pro Kubikmeter Luft

0,16

0,080 .

Linke Säule: Jahresmittelwert

Rechte Säule: 98%-Wert der Summen-
häufigkeit (Kennzeichen hoher Kurzzeitbelastung)

Quelle: Bayerisches Landesamt für Umweltschutz
Herausgeber: Bayerisches Staatsministerium für Landesentwicklung und Umweltfragen

im gleichen Zeitraum deutlich zugenommen hat. Dies ist mit
darauf zurückzuführen, daß die Kohlekraftwerke zum Teil
deutlich vor den gesetzlich vorgeschriebenen Terminen mit
Anlagen zur Entschwefelung nachgerüstet wurden.

Im Sektor Haushalte und Kleinverbraucher sind die Schwefel-
dioxid-Emissionen seit 1976 auf ca. 25% des damaligen Wer-
tes gesunken. Dazu hat maßgeblich beigetragen, daß die
Bayerische Staatsregierung seit Jahren den Bau von Versorgungseinrichtungen für Gas und Fernwärme und die Umstellung von Einzelheizungen auf diese Energiearten finanziell gefördert hat. Ermöglicht haben den Fortschritt ferner
der verringerte Brennstoffeinsatz für die Wärmeversorgung,
ausgelöst durch verbesserten Wärmeschutz an Gebäuden,
und der Einsatz energetisch günstigerer Heizanlagen, ver-
besserte Feuerungstechnik und verschärfte Anforderungen
an Brennstoffe.

Auch im Sektor Industrie haben die Schwefeldioxid-Emissio-
nen im gleichen Zeitraum kontinuierlich von 147.000 t auf
derzeit rd. 53.000 t im Jahr abgenommen. Ausschlaggebend
waren neben der Abnahme des Energieverbrauchs bei Steinkohle, Koks und schwerem Heizöl vor allem feuerungs-
technische Maßnahmen zur Verminderung der Stickstoffoxid-
Emissionen und die Umstellung von Feuerungsanlagen auf
schwefelärmere Brennstoffe sowie die Teilentschwefelungs-
maßnahmen zur Verringerung der Schwefeldioxid-Emissio-
nen auf der Grundlage der Vorgaben der Technische Anleitung zur Reinhaltung der Luft von 1986.

Kohlenmonoxid (CO)

Deutlich rückläufig waren – trotz steigender Verkehrsdichte
– auch die Kohlenmonoxid-Konzentrationen, die in den Städten nahezu vollständig der Straßenverkehr verursacht hat.
Am Münchner Stachus haben beispielsweise die mittleren
Kohlenmonoxid-Konzentrationen von ca. 6.5 Milligramm/
m³ im Jahr 1978 auf derzeit rd. 3 Milligramm/m³ abgenommen. Dies zeigt, daß sich die fahrzeugtechnischen Veränderungen der letzten Jahre (Verminderung des Kraftstoffverbrauchs, optimierte Kraftstoffnutzung) insgesamt bereits
lufthygienisch ausgewirkt haben.

Stickstoffoxide (NO$_x$)

Stickstoffoxide entstehen hauptsächlich durch Verbrennungs-
prozesse in Motoren und Feuerungsanlagen. Aufgrund der
gestiegenen Verkehrsdichte hat die Belastung durch NO$_x$ in

Langjährige Entwicklung der Emissionen von Schwefeldioxid und Stickstoffoxiden in Bayern

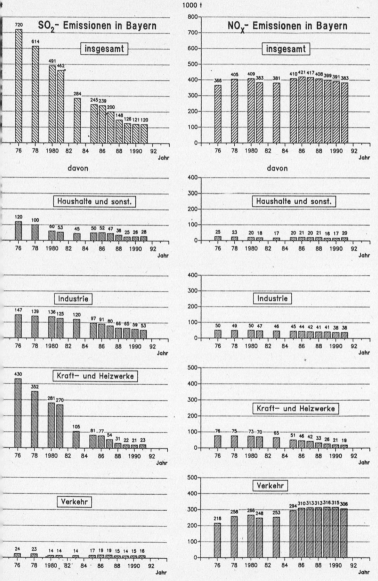

Herausgeber: Bayerisches Staatsministerium für Landesentwicklung und Umweltfragen

den letzten zehn Jahren durchwegs zugenommen. Derzeit allerdings deutet sich – wenngleich auf noch hohem Niveau – eine Trendumkehr an. Die Belastung durch Stickstoffdioxid (NO_2) liegt im Jahresmittel (Datenbasis 1993) bei bis zu 0,06 Milligramm/m³ in den Städten und etwa 0,01 Milligramm/m³ an industrie- und verkehrsfernen Standorten.

Die NO_x-Emissionen aus dem Sektor Haushalt und Kleinverbraucher sind von rd. 25.000 Jahrestonnen 1976 auf etwa 20.000 Jahrestonnen 1991 (angegeben als NO_2) zurückgegangen. Die Industrie hat ihren NO_x-Ausstoß im gleichen Zeitraum von 50.000 Jahrestonnen auf 38.000 Jahrestonnen verringert. Die bedeutendste Minderung wurde bei den bayerischen Kraft- und Heizwerken erzielt. Die NO_x-Emissionen wurden dort von 76.000 Jahrestonnen 1976 auf rd. 19.000 Jahrestonnen 1991 gesenkt. Die NO_x-Emissionen aus dem Bereich Straßenverkehr sind hingegen von ca. 216.000 Jahrestonnen 1976 auf ca. 306.000 Jahrestonnen 1991 gestiegen. Auch hier wurden zwar durch die Einführung des geregelten Drei-Wege-Katalyators und die Abgassonderuntersuchung Minderungsmaßnahmen an der Quelle eingeleitet, die jedoch die ansteigende Verkehrsdichte überkompensiert hat.

Sonstige verkehrsbedingte Schadstoffe

Ruß und Benzol sind Komponenten der Luftschadstoffbelastung, die ebenfalls wesentlich durch den Kfz-Verkehr verursacht werden und in jüngster Zeit wegen ihrer krebserregenden Wirkung besondere Aufmerksamkeit in der öffentlichen Diskussion erlangt haben. Die Belastung durch Benzol ist in den Städten vergleichsweise hoch. An Verkehrsknotenpunkten in München wurden Jahresmittelwerte der Benzolkonzentration von bis zu 40 Mikrogramm/m³ ermittelt. Demgegenüber erreichen die Benzolkonzentrationen in mit Kfz-Abgasen wenig belasteten Orten Jahresmittelwerte von 3 bis 6 Mikrogramm/m³. Als Folge des zunehmenden Katalysatoranteils bei den Kraftfahrzeugen sowie der Maßnahmen zur Einführung des Gaspendelsystems bei Tankstellen ("Saugrüssel") und die weitere Verminderung des Kraftstoffverbrauchs wird sich die Immissionsbelastung aber künftig vermindern.

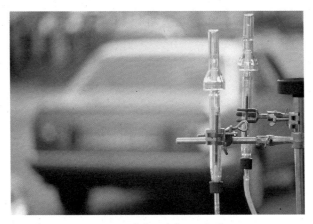

Benzolmessung an Hauptverkehrsstraße zur Prüfung
verkehrsbeeinflussender Maßnahmen

Wie Benzol entsteht auch Ruß bei der unvollständigen Verbrennung von Kohlenwasserstoffen in Motoren und Feuerungsanlagen. Maßgeblich für die Rußbelastung in den Städten ist derzeit der Ausstoß von Diesel-Kfz.

Aussagen über langfristige Tendenzen sind derzeit noch nicht
möglich. Da die Zahl dieselgetriebener Kraftfahrzeuge in den
letzten Jahren jedoch zugenommen hat, dürfte auch der
Dieselruß in der Umgebungsluft mehr geworden sein. EG-
weit vorgesehene Maßnahmen zur Einführung des Diesel-
filters bzw. Diesel-Katalysators sowie die langfristige Verringerung des Flottenverbrauchs werden zu deutlichen Entla-
stungen führen.

Photooxidantien

Photooxidantien – auch photochemischer Smog oder Los
Angeles-Smog genannt – entstehen bei hoher Sonnenein-
strahlung durch sehr komplizierte photochemische Reak-
tionsketten in der unteren Troposphäre aus Vorläuferschad-
stoffen wie Stickstoffoxiden und Kohlenwasserstoffen. Das
Ozon ist dabei nur die Leitsubstanz für eine ganze Gruppe
hochsauerstoffhaltiger flüchtiger chemischer Verbindungen,
wie z.B. das Peroxiacethylnitrat (PAN). Ihre Bildung stellt ein

Ozonverlauf 1980 (bzw. 1985) – 1993

in Bad Reichenhall/Nonn (rot), Nürnberg/Marienplatz (blau), München/Stachus (gelb). Gleitende 12-Monatsmittel und Trendgerade

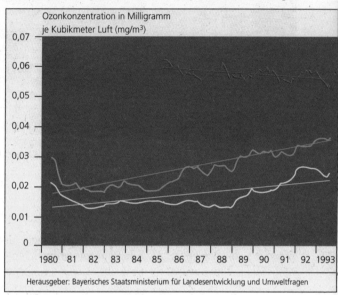

Herausgeber: Bayerisches Staatsministerium für Landesentwicklung und Umweltfragen

großräumiges meteorologisches Phänomen dar, das mit den üblichen Luftreinhaltemaßnahmen nur bedingt angegangen werden kann. Die immer wieder geforderten lokalen Verkehrssperrungen bei typischen Ozonwetterlagen eignen sich nach bisherigem Kenntnisstand zu einer wirksamen Verringerung der Ozonbelastung nicht.

Während das troposphärische Ozon in den letzten Jahrzehnten großräumig angestiegen ist, zeigen die bayerischen Ozonmeßstellen – derzeit 31 (Stand: Juli 1993) – für die letzten Jahre keine einheitliche Tendenz. Sowohl steigende als auch sinkende Trends der Ozonbelastung werden registriert. Der Jahresmittelwert für Ozon liegt in städtischen Gebieten zwischen 25 und 40 Mikrogramm/m³ und in industrie- und verkehrsfernen Gebieten bei bis zu 70 Mikrogramm/m³.

Demgegenüber sind die im Sommer auftretenden Ozon-Spitzenwerte – auch Meßflüge bei entsprechenden Wetterlagen haben dies gezeigt – in den verschiedenen Gebieten Bayerns vergleichbar hoch.

Um der Bildung erhöhter Ozonkonzentrationen vorzubeugen, müssen jene Schadstoffe, die als Vorläufer die Ozonbildung begünstigen, gezielt vermindert werden. Dies muß langfristig und überregional geschehen, da lokale Eingriffe regionale Ozonbelastungen kaum verändern können. Der weiteren Verminderung von Kfz-Emissionen kommt dabei entscheidende Bedeutung zu. Entsprechende Vorstöße zur weiteren Absenkung des Schadstoffausstoßes sowie des Treibstoffverbrauchs sind national sowie EG-weit bereits eingeleitet. Erfolge sind hierbei allerdings erst mittelfristig zu erwarten.

1.2 Bioindikator-Meßnetze

Mit den vom Bayerischen Landesamt für Umweltschutz eingerichteten Bioindikator-Meßnetzen werden in regelmäßigen Rastern Schadstoffanreicherungen in Bioindikatoren (z.B. Fichtennadeln und Moosen an Baumstämmen) als „lebendige Meßinstrumente" ermittelt.

An den Fichtennadeln wird die Schwefelbelastung, an Moosen werden die Gehalte an Schwefel, 15 Schwermetallen und z.T. Stickstoff festgestellt. Die Schwefelbelastung zeigt auch in dem am stärksten betroffenen Raum Nordost-Oberfranken in den letzten Jahren einen Belastungsrückgang. Die Gehalte fast aller Schwermetalle sind bayernweit rückläufig.

Im Niederschlagsmeßnetz des Bayerischen Landesamts für Umweltschutz werden an 23 Meßstellen Säurewert und Leitfähigkeit des Regens, der Gesamtsäure-Eintrag und die Einträge an Sulfat, Nitrat, Ammonium, Chlorid und Phosphat sowie von 16 Metallen bestimmt. Dadurch werden wichtige Informationen über die Belastung von Vegetation und Böden gewonnen.

Bioindikator-Meßstelle zur Bestimmung von Ozon-Einwirkungen

1993 wurde an drei Standorten, die für bestimmte Nutzungs-
formen repräsentativ sind (Grassau, Eining, Scheyern) mit dem
Aufbau von Dauerbeobachtungsstationen begonnen. Dort werden die Gesamt- und die nassen Einträge durch Niederschlag
bestimmt. An diesen 3 Standorten und im Verdichtungsraum
München werden mit Methoden des aktiven Biomonitorings
(Ozonfächer mit Tabak, Buschbohne und Brennessel;
Weidelgras; Grünkohl; Klonfichten) Daten zur Ozonwirkung
und zum Schwermetall-, Dioxin-, Furan- und PAH-(polycyklische
aromatische Kohlenwasserstoffe) Eintrag erhoben.

1.3 Schadstoffbelastung von Ökosystemen

Die Wirkung von Luftverunreinigungen auf die Vegetation wurde Anfang der 80er Jahre insbesondere durch die rasche Zunahme der neuartigen Waldschäden verstärkt in das Blickfeld der Öffentlichkeit gerückt. Bei der dadurch ausgelösten umfangreichen Ursachenforschung zu den Waldschäden hat die Wissenschaft die Pfade der über die Luft eingetragenen Schadstoffe durch die Waldökosysteme aufgedeckt und zum besseren Verständnis der Wirkungszusammenhänge auch für andere Ökosysteme beigetragen.

Wesentliche Erkenntnis der vor allem vom Bayerischen Umweltministerium finanzierten Ursachenforschung ist, daß die Waldschäden ein sehr vernetztes Ursachen-Wirkungsgefüge auslöst, das aufgrund räumlicher und zeitlicher Unterschiede in der Immissionssituation sowie der sonstigen standörtlichen und biologischen Bedingungen regional und auch nach Baumarten differenziert zu betrachten ist. Bei den Forschungsvorhaben der letzten Jahre wurde das Zusammenwirken von Immissionsbelastung und Bodennährstoffhaushalt verstärkt untersucht.

Dabei konnte für die Fichte im Raum Fichtelgebirge beispielsweise eine Kausalkette entwickelt werden, welche die Schäden durch lang anhaltende Einwirkung auch nur geringer SO_2-Belastung in Abhängigkeit von den Nährstoffverhältnissen in der Pflanze bzw. im Boden zu erklären vermag. Saure oder infolge von Säureeintrag verarmte Böden, wie sie in bayerischen Mittelgebirgen häufig anzutreffen sind, sind hiervon besonders betroffen. Der versauerte Boden ist nicht mehr zum Abbau des Nitrats fähig, auch wenn die Sulfateinträge wie in jüngster Zeit zurückgehen. Stattdessen wird das klimawirksame N_2O (Distickstoffmonoxid, Lachgas) gebildet.

Der anhaltend hohe Stickstoffeintrag (Nitrat, Ammonium) beschleunigt die Bodenversauerung ebenfalls und fördert den Humusabbau. Durch Stickstoff wird zwar das Wachstum der Bäume angeregt, auf nährstoffarmen Böden können dadurch Ungleichgewichte bis hin zu akuten Ernährungsstörungen entstehen. Das Symptom der Nadelvergilbung läßt sich ursächlich weitgehend durch bodenbürtige Nährstoffarmut, verschärft durch zusätzliche Bodenversauerung und Nährstoffungleichgewichte (insbesondere Magnesiummangel) erklären.Ammonium, dessen Einträge laufend angestiegen sind, wirkt dabei ähnlich wie Nitrat: nämlich als Dünger, nur vermindert es im Gegensatz zum Nitrat die Aufnahme anderer Nährstoffe, insbesondere von Kalium, Magnesium und Calcium und trägt so zu Nährstoffungleichgewichten bei. Bei gleichem Angebot nehmen Waldbäume eher das Ammonium als das Nitrat auf. Das Nitrat bleibt in der Bodenlösung und gelangt ins Grundwasser und somit in die Trinkwasserreservoire. Außer aus dem Eintrag aus den Niederschlägen können die Pflanzen Stickstoff jedoch auch direkt aus der Atmosphäre über die Spaltöffnungen bzw. die Wachsschicht der Nadeln und Blätter aufnehmen (Blattdüngung). Man rechnet damit, daß etwa 30% des Stickstoffbedarfs durch direkte Aufnahme aus der Atmosphäre gedeckt werden.

Bei den Forschungsarbeiten am Standort Wank in den bayerischen Alpen mit anderer Immissionsbelastung, aber ebenfalls relativ zahlreichen Kronenverlichtungen, wurde erkennbar, daß die Betrachtung der Luftschadstoffbelastung, insbesondere der gegenüber früheren Jahrzehnten angestiegenen Ozon-Konzentrationen, zur Erklärung des komplexen Bündels von Ursachen nicht ausreicht.

Bodenuntersuchungen am Wank zeigten, daß den Pflanzen wegen des ungünstigen Humuszustandes nur wenig Stickstoff und Phosphor zur Verfügung stehen. Ein Mangel an bestimmten Nährstoffen könnte somit auch hier zu den Schäden beigetragen haben. Die Wurzelhorizonte sind hier hauptsächlich auf den Auflagehumus und die obersten 5 cm des Mineralbodens beschränkt.

Weitere Forschungsergebnisse belegten, daß die Bäume am Wank schon bodenbedingt relativ häufig unter Trockenstreß leiden. Die langfristig angestiegene Ozonbelastung scheint die Anfälligkeit der Bäume gegenüber Trockenheit erhöht zu haben. Sowohl mit Ozon begaste Jungfichten als auch

Untersuchung der Waldbodenbelastung am Wank

die geschädigten Bäume wiesen eine Störung der Spalt-öffnungsmechanismen auf, die zu einer erhöhten Verdunstung führt. Die Fähigkeit, die Transpirationsverluste des Tages über Nacht wieder auszugleichen, ist dadurch verringert.

Akute Symptome als Folge von kurzzeitigen Ozon-Spitzenbelastungen ließen sich bei den Fichten am Wank nicht finden. Auch andere Photooxidantien wie z.B. Wasserstoff-Peroxid führten erst in unrealistisch hohen Konzentrationen zu nachweisbaren Schäden, etwa bei der Photosynthese.

Folgerungen

Auch wenn es sich bei den neuartigen Waldschäden um ein sehr komplexes Ursachengefüge handelt, spielen dennoch Luftschadstoffe und ihre Umwandlungsprodukte eine wichtige Rolle. Wesentlich für eine dauerhafte Stabilisierung der Wälder ist deshalb, daß – auch im internationalen Rahmen

– weitere Maßnahmen zur Verringerung von Schadstoffe-missionen getroffen werden. Nachdem bezüglich der SO_2-Emissionen bereits großräumig Erfolge erzielt wurden, sind die Anstrengungen in der Zukunft verstärkt auf die Vermin-derung der für die Stickstoff-Einträge und die Ozon-Bela-stung maßgebenden Komponenten zu richten. Hierbei sind vor allem die Bereiche Kraftfahrzeugverkehr (Emissionen an Stickstoffoxiden und Kohlenwasserstoffen) und Intensiv-tierhaltung (Ammoniakemissionen) betroffen.

Die erforderliche Verringerung der Schadstoffeinträge muß verstärkt unter langfristigen Aspekten bewertet werden, zu-mal durch den Treibhauseffekt (Erhöhung der CO_2-Konzen-tration und Klimaänderung) ein weiteres Schädigungs-potential für Wälder und andere Ökoysteme an Bedeutung gewinnen kann.

In Bayern wurden Stickstoff-Depositionsraten für Freiland von durchschnittlich ca. 18 kg pro Hektar und Jahr und im Wald von 15 - 40 kg pro Hektar und Jahr ermittelt. Durch den Effekt der Blattdüngung und Einträge an organischen Stick-stoff-Verbindungen ist mit noch höheren Depositionsraten zu rechnen.

Der jährlich in Ökosysteme eingetragene Stickstoff liegt so-mit auch in Bayern mengenmäßig weit über der Langzeit-Belastungsschwelle (z.B. für bodensaure Wälder ca. 15 - 20 kg pro Hektar und Jahr). Es besteht deshalb die Gefahr, daß Wald-Ökosysteme erheblich destabilisiert werden. Noch größer ist die Gefährdung für eine Vielzahl kleinräumiger empfindli-cherer Ökosysteme wie z.B. Hochmoore, Magerrasen, Halb-trockenrasen, montan-subalpine Rasen oder alpine Heiden.

2. Ziele und Maßnahmen

2.1 Emissionsminderung

Im Bemühen um eine Eindämmung der Luftverschmutzung und zur Vermeidung von Schäden an Mensch, Tier, Pflanzen und Materialien ist es erforderlich, einerseits sowohl das Aus-maß und mögliche Schädigungspotential der Schadstoff-belastung festzustellen, andererseits parallel dazu die Emissionen vorsorglich so weit wie möglich zu vermindern. Das Bundes-Immissionsschutzgesetz trägt diesen Erfordernissen Rechnung und gestattet eine Genehmigung von emissionsrelevanten Anlagen nur, wenn durch diese Anlagen

- schädliche Umwelteinwirkungen nicht hervorgerufen werden und wenn
- Vorsorge gegen schädliche Umwelteinwirkungen getroffen wird, insbesondere durch Maßnahmen zur Emissionsbegrenzung.

Die bayerische Luftreinhaltepolitik orientierte sich seit jeher an dem Grundsatz, daß die Luft durch die konsequente Verringerung der Emissionen nach dem verfügbaren Stand der Technik so rein wie möglich gehalten werden muß – ohne Berücksichtigung der tatsächlichen Luftverschmutzung in der Umgebung der Anlagen.

Die laufende Erfassung der Immissionsbelastung und die Grundlagenermittlung wurde von den Maßnahmen zur Emissionsminderung seit jeher weitgehend abgekoppelt, d.h.: Parallel zum Ausbau der lufthygienischen Überwachung und eines landesweiten Wirkungsmonitorings wurden umfangreiche Maßnahmen zur Verminderung der Schadstoffemissionen nach dem Vorsorgeprinzip durchgeführt.

In Bayern wurden acht Untersuchungsgebiete nach den Kriterien des Bundes-Immissionsschutzgesetzes ausgewiesen. Allerdings ist die Luft dort keineswegs besonders hoch belastet, sondern im Vergleich zu anderen Bundesländern eher niedrig. Mit der Ausweisung wurde vorsorglich das Instrumentarium des Bundes-Immissionsschutzgesetzes zur laufenden Überwachung der lufthygienischen Situation genutzt mit dem Ziel, einen Anstieg der Luftverschmutzung so früh wie möglich erkennen und möglicherweise drohenden Überschreitungen von Immissionswerten vorbeugen zu können.

Nachdem in den letzten Jahren einige Schadstoffe, z.B. Schwefeldioxid, ihre früher dominante Bedeutung eingebüßt und andere Schadstoffe (z.B. Photooxidantien, Benzol und Dieselruß) zunehmend an Bedeutung gewonnen haben, wird

Btx-Informationssystem der Luftüberwachung Bayern

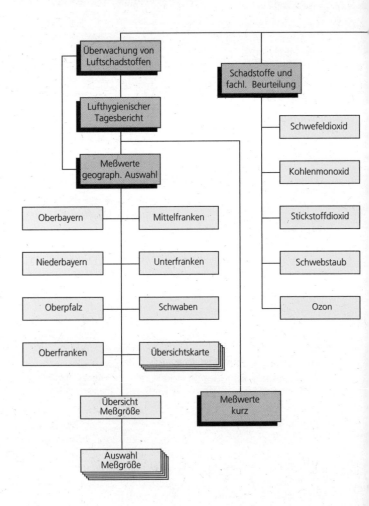

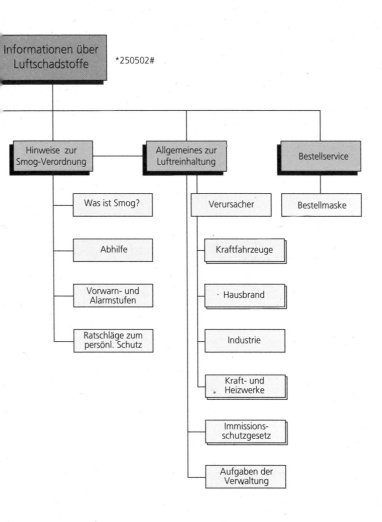

Quelle: Bayerisches Landesamt für Umweltschutz

Herausgeber: Bayerisches Staatsministerium für Landesentwicklung und Umweltfragen

sich die lufthygienische Überwachung Bayerns dieser Entwicklung anpassen.

2.2 Maßnahmen beim Straßenverkehr

Die Luftverschmutzung in den Ballungsgebieten wird – nachdem die Emissionen aus stationären Anlagen zurückgegangen sind – vor allem durch die starke Zunahme des motorisierten Individualverkehrs beeinflußt. Diese Entwicklung unterstreicht die Notwendigkeit der beschleunigten Einführung der derzeit besten Technik zur Abgasreinigung an Kraftfahrzeugen auf breiter Ebene. In die Überlegungen zur Neugestaltung des künftigen Verkehrswesens sind auch alternative Antriebskonzepte einzubeziehen.

Darüber hinaus gilt es, Verkehrsleitsysteme zur verkehrstechnischen und ökologischen Optimierung des Verkehrs einzusetzen mit dem Ziel, unnötige Behinderungen des Verkehrs, Staus und damit unnötigen Schadstoffausstoß zu vermeiden und das vorhandene und bedarfsgerecht ausgebaute künftige Straßennetz optimal zu nutzen.

Außerdem sind integrierte, umweltverträgliche Verkehrskonzepte zu entwickeln, die alle Verkehrsträger unter Berücksichtigung ihrer Leistungsfähigkeit und Umweltverträglichkeit miteinander vernetzen. Besondere Bedeutung kommt auch der Einrichtung von Eisenbahn-Schnellverbindungen zu, die es gestatten, verstärkt Transporte auf die umweltfreundliche Schiene zu verlagern.

Bayern hat diesen Erfordernissen bereits umfänglich Rechnung getragen und in seinem im Herbst 1992 beschlossenen Programm zur Neuorientierung der Verkehrspolitik die wesentlichen Ziele zur Sicherstellung eines funktionsfähigen Gesamtverkehrssystems mit geringstmöglicher Umweltbelastung festgeschrieben.

2.3 Internationale Zusammenarbeit

Auch der Verminderung der grenzüberschreitenden Luftverschmutzung aus den östlichen Nachbarstaaten kommt nach wie vor schwerpunktmäßige Bedeutung zu. Aufgrund der emissionsmindernden Maßnahmen in den neuen Bundesländern und in der Tschechischen Republik, die von Bayern konzeptionell und teilweise auch finanziell unterstützt wurden, hat sich die Schwefeldioxidbelastung im nordostbayerischen Raum bereits vermindert. Trotzdem können dort im Winterhalbjahr bei ungünstigen meteorologischen Situationen immer noch vergleichsweise hohe Schwefeldioxidbelastungen auftreten. Die Bedeutung, die die Bayerische Staatsregierung der Lösung dieser Probleme beimißt, wird unter anderem durch die Einrichtung einer regelmäßigen bayerisch-tschechischen Umweltministerkonferenz dokumentiert.

2.4 Schadstoffarme Energienutzung

Nicht zuletzt unter dem Aspekt der drohenden Veränderungen des Weltklimas und der Verpflichtung der Bundesregierung zur Verminderung der nationalen CO_2-Emissionen gewinnt der rationelle Umgang mit fossilen Energieträgern zunehmend an Bedeutung. Es wird eine künftige Schwerpunktaufgabe sein, geeignete Rahmenbedingungen für die Nutzung alternativer und regenerativer Energieträger mit dem Ziel einer möglichst weitgehenden Verminderung von Kohlendioxid-Emissionen zu schaffen.

2.5 Sanierung von Industrieanlagen

Auch die Anstrengungen zur Überwachung und Sanierung von industriellen und gewerblichen Anlagen, die nicht den gestiegenen Anforderungen der Luftreinhaltung entsprechen, müssen fortgesetzt werden. In der Technischen Anleitung zur Reinhaltung der Luft wurden strenge Emissionswerte entsprechend dem aktuellen Stand der Technik festgelegt. Für bereits bestehende Anlagen enthält die TA Luft ein Sanierungskonzept. In Bayern ist die Altanlagensanierung diesen Anforderungen entsprechend weitgehend abgeschlossen. Sie hat zu einer erheblichen Verringerung des Schadstoffausstoßes bei den stationären Anlagen geführt.

Um die Belastung an Schadstoffen weiter zu senken, hat das Bayerische Staatsministerium für Landesentwicklung und

Umweltfragen zusätzliche gezielte Aktionen eingeleitet. Für einzelne Anlagenarten und –stoffe hat das Ministerium strenge Emissionswerte für Neu- und Altanlagen bekanntgegeben. Die Technische Anleitung zur Reinhaltung der Luft sieht diese Möglichkeit zur Konkretisierung von Anforderungen für bestimmte Anlagen und Stoffe durch Minimierungsgebote und Dynamisierungsklauseln ausdrücklich vor. Insbesondere wurden Emissionswerte für kanzerogene Stoffe und für Stickstoffoxide nach dem Stand der Technik neu festgelegt.

2.6 Überwachung von Kleinfeuerungsanlagen

Die Schadstoffemissionen aus dem Bereich des Hausbrandes sind im Vergleich zu denen der Industrie sowie aus den Kraftwerken und aus dem Straßenverkehr relativ gering. Wegen der niedrigen Quellhöhen, aus denen die Abgase häuslicher und gewerblicher Kleinfeuerungsanlagen emittiert werden, tragen sie aber nicht unerheblich zur Emissionsbelastung bei. Die Begrenzung und die Überwachung der Schadstoffemissionen aus den Kleinfeuerungsanlagen ist somit eine weitere wichtige Aufgabe im Bemühen um einen wirksamen Umweltschutz in den Städten.

So nicht! Keinen Müll in den Ofen!

Da hier in erster Linie jeder einzelne Bürger gefordert ist, hat das Bayerische Staatsministerium für Landesentwicklung und Umweltfragen in Zusammenarbeit mit dem bayerischen Kaminkehrerhandwerk die Öffentlichkeitsarbeit intensiviert. Erfolge dieser Aufklärungskampagne sind in zunehmenden Maße festzustellen.

Gerade im Bereich der Verbrennung von Holz, die im Hinblick auf die Schonung fossiler Energieressourcen immer mehr an Bedeutung gewinnt, mußten die Kaminkehrer bisher eine beträchtliche Anzahl von überprüften Feuerungsanlagen beanstanden. Aufgrund der gestiegenen Emissionsanforderungen in der novellierten Kleinfeuerungsanlagenverordnung auch für Altanlagen werden die damit verbundenen Sanierungsmaßnahmen an den häuslichen und gewerblichen Kleinfeuerungsanlagen zu einer weiteren Entlastung der Umwelt führen.

B 5 Lärm

1. Ausgangslage

Die Lärmbelastung in Bayern ist für weite Teile der Bevölkerung nach wie vor erheblich. Nach Untersuchungen des Umweltbundesamtes fühlen sich in den alten Bundesländern etwa 69% der Bürger durch Straßenverkehrslärm und 60% durch Fluglärm belästigt. Über den Wohn- und Freizeitlärm klagen etwa 25%, über den Schienenverkehrslärm und den gewerblichen Lärm jeweils etwa 22% der Bürger.

Vorrangiges Ziel der Lärmbekämpfungsstrategie Bayerns ist es, gesundheitsbeeinträchtigende Lärmbelästigungen zu vermeiden, die Lärmbelästigung allgemein zu verringern sowie eine effektive Lärmvorsorge sicherzustellen. Deshalb setzen die Maßnahmen des staatlichen Lärmschutzes dem Vorsorgeprinzip entsprechend primär an den Lärmquellen an. Dabei kommt der Herabsetzung von Lärmgrenzwerten besondere Bedeutung zu. Darüber hinaus wird der Lärm auch auf den Ausbreitungswegen und in Problemfällen, die nicht anders zu sanieren sind, durch passive Schallschutzmaßnahmen wie

Schalldruckpegel in dB (A) üblicher Geräuschquellen

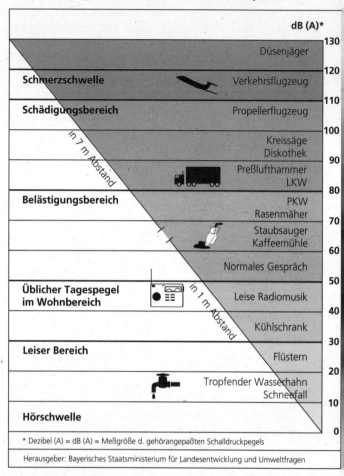

	dB (A)*
	130
Düsenjäger	
	120
Schmerzschwelle — Verkehrsflugzeug	
	110
Schädigungsbereich — Propellerflugzeug	
	100
Kreissäge / Diskothek	
	90
Preßlufthammer / LKW	
	80
Belästigungsbereich — PKW / Rasenmäher	
	70
Staubsauger / Kaffeemühle	
	60
Normales Gespräch	
	50
Üblicher Tagespegel im Wohnbereich — Leise Radiomusik	
	40
Kühlschrank	
	30
Leiser Bereich — Flüstern	
	20
Tropfender Wasserhahn / Schneefall	
	10
Hörschwelle	
	0

In 7 m Abstand

In 1 m Abstand

* Dezibel (A) = dB (A) = Meßgröße d. gehörangepaßten Schalldruckpegels

Herausgeber: Bayerisches Staatsministerium für Landesentwicklung und Umweltfragen

Lärmschutzwälle und Schallschutzfenster an den Immissions-
orten bekämpft. Sachgerechte Bauleit-, Regional- und Landesplanung unter Berücksichtigung der künftigen siedlungs-
und infrastrukturellen Entwicklung können unnötige Lärmbelastungen von vornherein verhindern. Auch marktwirt-
schaftliche Anreize wie die Schaffung von Vorteilen für die
Benützung lärmarmer Produkte und Verfahren helfen dem
Lärmschutz.

2. Ziele und Maßnahmen

2.1 Schallschutz im Siedlungsbereich

In den Bereichen, die überwiegend dem Wohnen und der Erholung dienen, wird die Bevölkerung durch Lärmeinwirkungen am empfindlichsten in ihrem physischen, psychischen und sozialen Wohlbefinden gestört. Deshalb muß dort für eine möglichst geringe Lärmbelastung gesorgt werden, in erster Linie durch sinnvolle Zuordnung der Wohnbereiche und sonstigen schutzbedürftigen Gebiete in Bereichen mit Lärmimmissionen. Für die lärmschutzgerechte Bauleitplanung ist die DIN 18 005 – Schallschutz im Städtebau, Teil 1 (Ausgabe Mai 1987), mit dem zugehörigen Beiblatt 1 eine wertvolle Hilfe.

Abschirmung von Wohnbebauung gegen Verkehrslärm durch weniger empfindliche Nutzungen

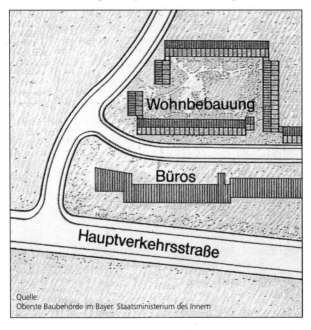

Quelle:
Oberste Baubehörde im Bayer. Staatsministerium des Innern

Lärmminderungspläne nach dem Bundes-Immissionsschutz-gesetz (BImSchG) sind ein 1990 geschaffenes Instrumentarium zur Verringerung der Belastung schutzwürdiger Gebiete durch Lärm. In Gemeinden, in denen nicht nur vorübergehend schädliche Umwelteinwirkungen durch Geräusche hervorgerufen werden oder zu erwarten sind, haben die Gemeinden oder die nach Landesrecht zuständigen Behörden die Belastung durch die einwirkenden Geräuschquellen zu erfassen und ihre Auswirkungen auf die Umwelt festzustellen. Falls die Abhilfemaßnahmen ein abgestimmtes Vorgehen gegen verschiedenartige Lärmquellen erfordern, sind für Wohngebiete und andere schutzwürdige Gebiete Maßnahmenpläne aufzustellen.

Im Interesse einer optimalen Vorgehensweise fördert die Staatsregierung das Projekt „Aufstellung von Lärmminderungsplänen gemäß §47a BImSchG". Daran sind vier bayerische Städte unterschiedlicher Größe beteiligt, für die die Voraussetzungen zur Durchführung eines Lärmminderungsplans mit Einschluß eines Maßnahmenplanes gegeben sind. Das Pilotprojekt wird 1995 abgeschlossen sein.

2.2 Schutz vor Verkehrslärm

Die Programme zur Minderung der Lärmbelastung in Wohnungen, Schulen, Altenheimen und anderen schutzbedürf-

Schallschutzwand – wirksame Maßnahme zum aktiven Lärmschutz

tigen Einrichtungen an besonders verkehrsreichen Straßen im innerörtlichen Bereich haben sich bewährt. Im Rahmen der kommunalen Schallschutzfensterprogramme wurde seit 1974 der Einbau von Schallschutzfestern in 11 bayerischen Städten mit 30,5 Mio. DM gefördert. Die Kommunen haben sich in gleicher Höhe daran beteiligt. Insgesamt wurden dadurch Investitionen in Höhe von etwa 128,5 Mio. DM ermöglicht, die den Verkehrslärm im Rauminnern gegenüber dem Außenlärm um durchschnittlich 40 dB(A) mindern. Für lärmmindernde Straßenbeläge wurden den Kommunen bisher Fördermittel in Höhe von etwa 17,3 Mio. DM gewährt. Die Langzeiterprobung unterschiedlicher lärmarmer Fahrbahndecken in München wird fortgesetzt.

2.3 Schutz vor Industrie- und Gewerbelärm

Mit verstärktem Einsatz moderner lärmarmer Geräte, Maschinen und Fahrzeuge in älteren Industrie- und Gewerbebetrieben kann dem Stand der Lärmschutztechnik Rechnung getragen werden. Bei der Planung neuer Industrieanlagen und im Rahmen der Bauleitplanung lassen sich die Belange des Lärmschutzes bereits weitgehend berücksichtigen. Die Lärmbelastung der Bevölkerung durch Industrie und Gewerbe insgesamt wird deshalb weiter zurückgehen.

Die Technische Anleitung zum Schutz gegen Lärm (TA Lärm), das maßgebliche Regelwerk für die behördliche Beurteilung von Anlagengeräuschen in der Nachbarschaft, wird in nächster Zeit an die rechtliche und technische Entwicklung angepaßt werden. Beabsichtigt ist, den bisher auf genehmigungsbedürftige Anlagen begrenzten Anwendungsbereich auf den gesamten Bereich des Gewerbelärms auszuweiten und die fortgeschrittenen Erkenntnisse der Lärmwirkungsforschung, die Entwicklung der Geräuschmeßtechnik und bewährte Verfahren zur Schallimmissionsprognose darin aufzunehmen. Die Frage der Lärmsanierung stellt sich dort, wo Gewerbe- und Wohngebiete zu eng miteinander verbunden sind, besonders drängend. Für gezielte Schalldämmaßnahmen an einzelnen Betriebsteilen oder auch für Betriebsverlagerungen, die ohne öffentliche Zuwendungen nicht durchgeführt würden, wurden im Rahmen des Bayerischen Darlehensprogramms für Maßnahmen zum Schutz vor Lärm und Erschütterungen bisher zinsgünstige Darlehen in Höhe von insgesamt 245 Mio. DM zur Verfügung gestellt.

Der Lärm an Baustellen ist im Interesse der Wohnnachbarschaft und anderer schutzbedürftiger Einrichtungen möglichst gering zu halten. Die Vorschriften zur Minderung des Lärms an herkömmlichen Baumaschinen haben die Hersteller zunehmend veranlaßt, dem Gesichtspunkt der Lärmminderung ihrer Produkte erhöhte Aufmerksamkeit zu schenken. Durch die Entwicklung lärmarmer Baumaschinen und Geräte und deren verstärkten Einsatz insbesondere in lärmsensiblen Gebieten und zu Ruhezeiten sind die Beschwerden über Baustellenlärm in den letzten Jahren zurückgegangen. Da es jedoch noch eine Reihe von lärmintensiven Baumaschinen und Geräten gibt, für die in der 15. Verordnung zum Bundes-Immissionsschutzgesetz (15. BImSchV) noch keine Emissionsgrenzwerte für die Geräuschentwicklung festgelegt sind, wird sich Bayern beim Bund weiter dafür einsetzen, daß auch für diese, insbesondere für Transportbetonmischer, Betonpumpen und Vibrationsverdichter höchstzulässige Schalleistungspegel festgelegt werden.

Die Zahl der mit dem Umweltzeichen ausgezeichneten lärmarmen Baumaschinen hat weiter zugenommen. Ihre Emissionswerte liegen um 10 – 13 dB(A) unter den Grenz- oder Richtwerten der Allgemeinen Verwaltungsvorschriften. Die Überprüfung der Einhaltung der Baumaschinenlärm-Verordnung auf den Internationalen Fachmessen für Baumaschinen – zuletzt BAUMA 92 – in München durch die zuständige Behörde mit Unterstützung der örtlich zugelassenen Baumusterprüfstelle hat sich bewährt und wird fortgesetzt. Dadurch ging die Anzahl der zu beanstandenden Baumaschinen wegen fehlender EWG-Baumusterprüfung bzw. EWG-Kennzeichnung bei nahezu allen Gerätearten zurück.

2.4 Schutz vor Sport- und Freizeitlärm

Die Zahl der Beschwerden der Wohnnachbarschaft über den von Freizeit- und Sporteinrichtungen und -veranstaltungen ausgehenden Lärm hat in den letzten Jahren weiter zugenommen. Solche Einrichtungen und Veranstaltungen sollten zwar grundsätzlich auf Bereiche beschränkt werden, in denen sie nicht stören. Andererseits sind Sportmöglichkeiten in der Nachbarschaft von Wohngebieten zu erhalten und im Interesse des Jugend- und Breitensports auch künftig Sportplätze wohnungsnah zu errichten.

Die Sportanlagen-Lärmschutzverordnung (18. BlmSchV vom Juli 1991) hat einheitliche Maßstäbe für die Beurteilung und Messung der von Sportanlagen ausgehenden schädlichen Geräuscheinwirkungen festgelegt. Die Verordnung enthält Immissionsrichtwerte, bestimmt das Verfahren zur Ermittlung und Beurteilung von Geräuschimmissionen, die von Sportanlagen ausgehen, nennt Maßnahmen, die zum Schutz gegen Lärm ergriffen werden sollen und regelt die Voraussetzungen, unter denen die Behörden von der Festlegung von Betriebszeiten absehen sollen. Nach der Rechtsprechung bestimmt sie auch die Grenze für die Duldungspflicht in zivilrechtlichen Nachbarstreitigkeiten. Die Sportanlagen-Lärmschutzverordnung trägt dem Anliegen des Sports weitgehend Rechnung, stellt bei Neuplanung von Sportanlagen auf einen umfassenden Lärmschutz ab und gewährleistet einen weitgehenden Bestandsschutz für vorhandene Sportanlagen. Zur Beurteilung des Lärms von Freizeiteinrichtungen, die nicht unter die Sportanlagen-Lärmschutzverordnung fallen, gelten weiterhin die 1988 bekanntgegebenen bewährten Hinweise zur Beurteilung der durch Freizeitanlagen verursachten Geräusche.

Die Lärmbelastung im Wohnbereich und damit auch die Zahl der Beschwerden hierüber sind durch die zunehmende Ausstattung der Haushalte mit Haushalts- und Hobbygeräten, z.B. Stereoanlagen, Waschmaschinen, elektrische Heimwerkergeräte und motorbetriebene Gartengeräte weiter gestiegen. Deshalb kommt ausreichendem Schallschutz bei der Errichtung und Änderung von Gebäuden noch größere Bedeutung zu.

Motorbootsport

Die Zahl der Wassersportfahrzeuge auf Landesgewässern und Bundeswasserstraßen hat in den letzten Jahren stark zugenommen und damit auch die Belastung für Anwohner, Erholungsuchende und Umwelt insbesondere durch Geräusch-immissionen. Deshalb wird sich das Bayerische Staatsmini-sterium für Landesentwicklung und Umweltfragen weiter dafür einsetzen, daß für die Sport- und Freizeitwasser-fahrzeuge auf Gewässern in Bayern Höchstgrenzwerte für Schall- und Schadstoffemissionen festgelegt werden und eine generelle Geschwindigkeitsbegrenzung eingeführt wird.

Sportmotorboote mit Verbrennungsmotor werden auch künftig nur in begrenztem Umfang auf einigen bayerischen Seen zugelassen.

Flugmodelle

Durch die Konzentration des Modellflugbetriebs auf geeig-nete bestehende Modellfluggelände bzw. auf neu zu errich-tende Gelände kann die Lärmbelastung weiter herabgesetzt werden. Auflagen und Beschränkungen bei der Erteilung der Genehmigungen und Erlaubnisse sorgen dafür, daß die Geräuschbelastung gemindert wird.

B 6 Radioaktivität und ionisierende Strahlung

1. Ausgangslage

Der Mensch ist seit jeher der Einwirkung ionisierender Strah-len ausgesetzt. Denn natürlich radioaktive Stoffe sind in Boden, Luft und Wasser und damit auch in Pflanzen, Tieren, Lebensmitteln und im Menschen enthalten. Seit die Mög-lichkeiten der Kernumwandlung und der Kernspaltung ge-nutzt werden, kommen zu den natürlich vorhandenen ra-dioaktiven Stoffen künstlich radioaktive Stoffe hinzu. Natür-lich wie künstlich radioaktive Stoffe, aber auch Anlagen zur Erzeugung ionisierender Strahlung (z.B. Röntgeneinrich-tungen) finden heute in Medizin, Forschung und Industrie vielfältige Verwendung.

1.1 Natürliche und künstliche Strahlenexposition

Die mittlere Äquivalentdosis, die durch die seit jeher beste-hende natürliche Strahlenexposition hervorgerufen wird, beträgt ca. 2,5 Millisievert (mSv) im Jahr. Sie kann innerhalb Bayerns je nach Wohnort aber zwischen etwa 1 und 6 mSv pro Jahr schwanken.

Etwa die Hälfte der mittleren natürlichen Strahlenexposition ist auf die Inhalation von Radon und dessen Zerfallsprodukten in Wohnungen zurückzuführen. Das radioaktive Edelgas Radon entsteht beim Zerfall von Radium, das wiederum als Zerfallsprodukt von Thorium und Uran mit stark unterschiedlichem Gehalt überall im Boden vorkommt. Es gelangt durch Diffusion aus dem Erdboden in die bodennahe Luft bzw. durch Haarrisse und Spalten in den Fundamenten von Häusern in Wohnräume. Dort kann es sich beträchtlich anreichern und wird schließlich eingeatmet.

Zu dieser schon immer vorhandenen natürlichen Strahlenexposition kommt seit einigen Jahrzehnten die vom Menschen verursachte künstliche Strahlenexposition hinzu. Sie ist die Folge der Verwendung radioaktiver Stoffe natürlichen wie künstlichen Ursprungs sowie der Anwendung von Röntgenstrahlen in Medizin, Forschung und Industrie. Durch die künstliche Strahlenexposition wird eine seit Jahren konstante mittlere effektive Äquivalentdosis von ca. 1,5 mSv im Jahr verursacht. Nahezu der gesamte Beitrag rührt her von der Anwendung ionisierender Strahlung und radioaktiver Stoffe in der Medizin.

Die Kontamination der Umwelt mit radioaktiven Spaltprodukten als Folge des Unfalls im Kernkraftwerk Tschernobyl hat in Bayern zu einer zusätzlichen künstlichen Strahlenexposition geführt. Sie wird zum einen durch die externe Bestrahlung der am Boden abgelagerten Radionuklide, zum anderen durch die interne Bestrahlung der mit Atemluft oder Nahrung aufgenommenen Radionuklide verursacht. Aufgrund der im Jahr 1987 deutlich zurückgegangenen Radioaktivitätszufuhr über Nahrungsmittel sind die Jahresdosen seit Mitte 1987 rückläufig. Im Jahr 1991 betrug die Jahresdosis im Mittel ca. 0,02 mSv für Nord- bzw. ca. 0,06 mSv für Südbayern. In Südostbayern erreichte sie wegen der dort höheren Bodenstrahlung einen Wert von etwa 0,13 mSv.

Die gesamte zusätzliche effektive Dosis für die folgenden 50 Jahre durch den Reaktorunfall von Tschernobyl wird für

Strahlenexposition der Bevölkerung in Bayern

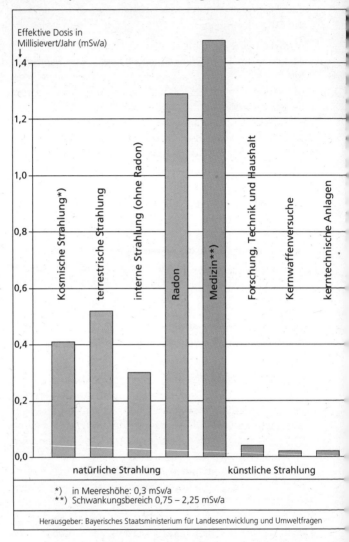

Effektive Dosis in
Millisievert/Jahr (mSv/a)

natürliche Strahlung   künstliche Strahlung

*) in Meereshöhe: 0,3 mSv/a
**) Schwankungsbereich 0,75 – 2,25 mSv/a

Herausgeber: Bayerisches Staatsministerium für Landesentwicklung und Umweltfragen

Kinder wie für Erwachsene zwischen rd. 1 und 2, in Südost-
bayern bis rd. 3% der mittleren natürlichen Strahlenexposition in diesem Zeitraum betragen.

Strahlenexposition der Bevölkerung in Bayern durch den Reaktorunfall von Tschernobyl

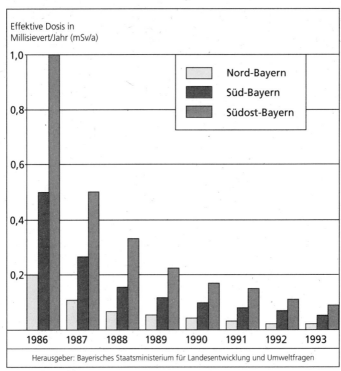

Effektive Dosis in Millisievert/Jahr (mSv/a)

Nord-Bayern
Süd-Bayern
Südost-Bayern

1986 1987 1988 1989 1990 1991 1992 1993

Herausgeber: Bayerisches Staatsministerium für Landesentwicklung und Umweltfragen

1.2 Radioaktivität in der Umwelt

Bereits vor dem Reaktorunfall von Tschernobyl hatte der Fallout der oberirdischen Kernwaffenversuche in den 50er und 60er Jahren die Böden Bayerns relativ gleichmäßig mit Cäsium-137 (Cs 137) in Höhe von ca. 3800 Bq/m² kontaminiert.

Der zusätzliche Eintrag von Cs 134 und Cs 137 als Folge des Reaktorunfalls von Tschernobyl in der Zeit um den 1. Mai 1986 ergab aufgrund der damaligen Großwetterlage ein ausgeprägtes Süd-Nord-Gefälle. Örtlich und zeitlich begrenzte Gewitterregen verursachten zusätzlich kleinräumige Depositionen.

Die beiden Cäsium-Isotope Cs 137 und Cs 134 sind derzeit nach wie vor radiologisch dominierend. Andere aufgrund des Reaktorunfalls in den Boden eingetragene radioaktive Nuklide, die anfangs wesentlich zur Gesamtaktivität des abgelagerten Nuklidgemisches beitrugen und kurzfristig Vorsorgemaßnahmen verlangten (Jod-131), haben heute keine Bedeutung mehr.

Das radioaktive Cäsium im Boden trägt über zwei Pfade zur Strahlenexposition des Menschen bei:

- Die im Boden abgelagerten Cäsium-Isotope wirken über ihre Gammastrahlung extern auf den Menschen ein.
- Cäsium im Boden wird von Nahrungs- und Futterpflanzen in geringem Umfang aufgenommen; durch den Verzehr (Ingestion) der kontaminierten Nahrungsmittel gelangt radioaktives Cäsium in den menschlichen Körper und verursacht dort eine interne Strahlenexposition.

Sowohl die externe Strahlenexposition als auch das Übergangsverhalten des Cäsiums vom Boden zur Pflanze (und damit die interne Strahlenexposition) werden wesentlich durch die Lage und Fixierung des Cäsiums im Boden beeinflußt. Eine Verlagerung (Migration) des ursprünglich auf der Bodenoberfläche abgelagerten Cäsiums in tiefere Bodenschichten bewirkt für beide Expositionspfade eine Verringerung der Strahlenexposition des Menschen. Die externe Strahlung wird durch darüberliegende Bodenschichten teilweise abgeschirmt; der Übergang (Transfer) vom Boden zur Pflanze und damit die Kontamination der Nahrungsmittel verringert sich im Prinzip ebenfalls, da das Cäsium durch die Tiefenwanderung teilweise den Wurzelbereich der Nutzpflanzen verläßt. Das Verhalten des Cäsiums im Boden, also die Migration in tiefere Bodenschichten bzw. die Fixierung an Tonminerale ist seit dem Jahr 1989 Gegenstand eingehender Untersuchungen.

Cäsium gelangt aufgrund seiner auf den meisten Böden sehr geringen Verfügbarkeit für die Pflanzen meist nur in äußerst kleinen Mengen in die Nahrungskette. Bei Produkten tierischer Herkunft wie auch bei pflanzlichen Nahrungsmitteln lagen die Kontaminierungswerte seit 1989 in der Regel im Bereich der Nachweisgrenze.

Stark saure Humus- oder Nadelauflagen, wie sie in den Wäldern Ostbayerns (bayerisches Kristallin) vorkommen, vermögen das Cäsium im Vergleich zu Kulturland jedoch weniger gut zu binden. Hier liegt es in einer gut pflanzenverfügbaren Form noch immer in den obersten Bodenschichten vor. Dies hat zur Folge, daß u.a. Pilze und Äsungspflanzen für Wild in diesen Gebieten deutlich höhere Kontaminationen zeigen. Zwangsläufig treten dann in diesen Gebieten auch erhöhte Kontaminationswerte bei Wild auf. Solche lokalen Effekte können auch noch heute bei Wild und Pilzen beobachtet werden. Wegen der relativ langen Halbwertszeit von ca. 30 Jahren für Cs 137 und der langsamen Verlagerung in tiefere Bodenschichten ist bei Wildbeeren, Pilzen und Wildfleisch auch in den nächsten Jahren mit höheren Kontaminationen zu rechnen. Bei normalen Verzehrgewohnheiten besteht jedoch auch bei diesen Produkten, die nicht zu den Grundnahrungsmitteln gehören und

Messung der Umweltradioaktivität vor Ort

Überwachung der Umweltradioaktivität
Maronenpilz (Xerocomus badius) 1992

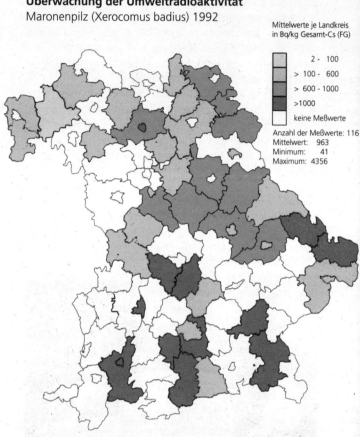

Mittelwerte je Landkreis
in Bq/kg Gesamt-Cs (FG)

2 - 100
> 100 - 600
> 600 - 1000
>1000
keine Meßwerte

Anzahl der Meßwerte: 116
Mittelwert: 963
Minimum: 41
Maximum: 4356

Herausgeber: Bayerisches Staatsministerium für Landesentwicklung und Umweltfragen

im Regelfall nur in relativ geringen Mengen verzehrt werden, keine gesundheitliche Gefährdung.

Die Direktstrahlung der in den Boden eingetragenen künstlichen radioaktiven Stoffe, vor allem Radiocäsium, wird durch die natürliche Umgebungsstrahlung überlagert. Die Umweltschutzingenieure der bayerischen Kreisverwaltungsbehörden messen die Umgebungsstrahlung (Gammadosisleistung) zweimal jährlich in einem Rasterabstand von 8 km, in den kreisfreien Städten von 4 km. Die durch die Deposition von Radiocäsium im Boden verursachte Direktstrahlung ist gegenüber der natürlichen Umgebungsstrahlung seit 1990 kaum noch nachweisbar.

Der radioaktive Niederschlag aus dem Reaktorunfall von Tschernobyl hat sich insbesondere im Klärschlamm angereichert. Die Kläranlagen werden deshalb seit Mai 1986 sehr intensiv überwacht. Ab 1991 sind die Kontaminationen auf wenige Becquerel pro Kilogramm Trockenmasse (Bq/kg TM) zurückgegangen. Für Oberflächenwasser lagen sie schon 1988 unter der Nachweisgrenze. Im Trinkwasser, das in Bayern zu 95% aus Grundwasser gewonnen wird, konnte bisher radioaktives Cäsium mit Ausnahme von Trinkwasserzisternen nicht nachgewiesen werden. Aufgrund der beobachteten langsamen Migration des Cäsiums ist eine Beeinträchtigung des Grundwassers auch künftig nicht zu erwarten.

Alle wichtigen Meßwerte der Nahrungsmittelkontamination werden in das Btx-Informationssystem zur Strahlenschutzvorsorge des Staatsministeriums für Landesentwicklung und Umweltfragen aufgenommen. Die Kreisverwaltungsbehörden in Bayern können auf dieses Informationssystem zugreifen. Es steht auch jedem Bürger über öffentliche oder eigene Btx-Empfangseinrichtungen offen.

2. Ziele und Maßnahmen

Die mit der friedlichen Nutzung der Kernenergie sowie mit dem Umgang mit radioaktiven Stoffen und ionisierenden Strahlen in Medizin, Forschung und Industrie verbundene Strahlenexposition des Menschen soll weiterhin nur einen kleinen Bruchteil der natürlichen Strahlenexposition betragen. Dabei gelten folgende Strahlenschutzgrundsätze:

- Alle Anwendungsformen ionisierender Strahlen, die zu keinem Nutzeffekt führen, sind zu unterlassen.
- Jede Strahlenexposition ist unter Beachtung des Standes von Wissenschaft und Technik und unter Berücksichtigung aller Umstände des Einzelfalles auch unterhalb der in den Schutzvorschriften festgelegten Dosisgrenzwerte so gering wie möglich zu halten.

2.1 Überwachung der Umweltradioaktivität

Die Erfahrungen mit der grenzüberschreitenden Verfrachtung radioaktiver Stoffe infolge des Reaktorunfalls von Tschernobyl haben dazu geführt, daß die in Bayern laufende allgemeine Überwachung der Umweltradioaktivität und die spezielle ständige Überwachung der Umgebung von Kernkraftwerken wesentlich erweitert worden sind.

Für die großräumige und flächendeckende Überwachung der Gamma-Dosisleistung sowie ggf. für die Früherkennung und Beobachtung etwaiger erhöhter Aktivitäten in der Luft wurden die schon 1986 bestehenden automatisch arbeitenden Meßnetze des Lufthygienischen Überwachungssystems Bayern (LÜB) und des Kernreaktor-Fernüberwachungssystems (KFÜ) ausgebaut. Das neue Meßnetz, das sog. Immissionsmeßsystem für Radioaktivität (IfR), umfaßt 30 Meßstationen, die in einem Raster von etwa 50 bis 80 km über ganz Bayern verteilt sind. Alle Meßstationen wurden bis 1989 mit Gamma-Dosisleistungsmeßgeräten ausgerüstet. 14 dieser Stationen sind zusätzlich mit Meßgeräten für radioaktives Jod und radioaktive Aerosole ausgestattet.

Als Ergänzung zum Immissionsmeßnetz für Radioaktivität kann ein flugtaugliches Meßsystem zur nuklidspezifischen Fernmessung mit automatischer Flugkoordinatenerfassung eingesetzt werden. Dazu wurde im August 1992 zwischen dem Bayerischen Staatsministerium für Landesentwicklung und Umweltfragen und dem Bundesamt für Strahlenschutz, das ein solches flugtaugliches Meßsystem entwickelt hat, ein Rahmenvertrag geschlossen. Im Bedarfsfall wird das flugtaugliche Gamma-Spektrometer in einen Hubschrauber des Bundesgrenzschutzes (Fliegerstaffel Süd in Oberschleißheim) installiert. Damit können künftig großflächige Bodenkontaminationen sowie lokale Aktivitätsablagerungen in kurzer Zeit identifiziert werden.

2.2 Überwachung beruflich strahlenexponierter Personen

An beruflich strahlenexponierten Personen sind entsprechend den Bestimmungen der Strahlenschutzverordnung die Körperdosen zu ermitteln. Im Regelfall geschieht dies durch

Automatische Meßstationen des Imissionssystems für Radioaktivität (IfR) und des Kernreaktor-Fernüberwachungssystems (Kfü)
Stand: Februar 1994

- ▲ Meßstelle für Gammadosisleistung des IfR

- ■ Meßstelle für Gammadosisleistung des KfÜ bei den Kernkraftwerken KKI 1 und KKI 2 (Isar 1 und 2), KKG (Grafenrheinfeld), KRB (Gundremmingen)

- ● Meßstelle für Jod- und Aerosolaktivität

- ⬆ Landesdatenzentrale und KfÜ-Zentrale

Bearbeiter: Bayerisches Landesamt für Umweltschutz

Herausgeber: Bayerisches Staatsministerium für Landesentwicklung und Umweltfragen

die sog. Personendosisüberwachung mittels Filmdosimetern, die amtliche Meßstellen – in Bayern das GSF-Forschungszentrum für Umwelt und Gesundheit in Oberschleißheim – auswerten. Damit kann jedoch nur eine äußere Strahlenexposition festgestellt werden. Die in bestimmten Fällen (u.a. bei Verdacht auf mögliche Inkorporationen) erforderliche Überwachung der inneren Strahlenexposition wurde bisher nur bei nichtamtlichen Stellen durchgeführt.

Die 1989 novellierte Strahlenschutzverordnung bestimmt, daß die Verfahren zur Überwachung der inneren Strahlenexposition in gleicher Weise wie die Personendosisüberwachung zu regeln sind. Dazu sind in bestimmten zeitlichen Abständen Messungen (z.B. der Ausscheidungen) durchzuführen. Die dafür eigens aufgebaute „Meßstelle für Radiotoxikologie" in der Außenstelle Nordbayern des Bayerischen Landesamtes für Umweltschutz in Kulmbach hat im Juni 1992 ihren Betrieb aufgenommen.

2.3 Verwendung und Transport radioaktiver Stoffe

Ende 1992 verfügten in Bayern rund 770 Krankenhäuser, Arztpraxen und Forschungsinstitute über eine Genehmigung zum Umgang mit radioaktiven Stoffen. Hinzu kommen rd. 1100 Verwender im industriellen und gewerblichen Bereich. Für die Beförderung radioaktiver Stoffe waren rd. 90 Genehmigungen erteilt.

2.4 Strahlenbiologisches Umweltmonitoring

Ionisierender Strahlung ausgesetztes Körpergewebe absorbiert Strahlungsenergie. Diese kann lebenswichtige Moleküle anregen, ionisieren oder auf sonstige Weise verändern. Handelt es sich hierbei um genetisches Material der Zellen, um sogenannte DNA-Moleküle, kann sich durch die Mutation bzw. Transformation der betroffenen Zelle ein Tumor oder ein genetischer Schaden entwickeln. Mit steigender Strahlendosis nimmt nicht die Schwere der Gesundheitsschädigung, sondern die Wahrscheinlichkeit ihres Auftretens zu.

Auch viele andere Faktoren (z.B. Chemikalien) rufen Schäden an den DNA-Molekülen hervor. Zur Reparatur solcher Schäden verfügt der Körper über bestimmte Enzymkomplexe.

Damit werden auch Strahlenschäden, besonders bei geringer Dosis, behoben.

Über das Auftreten von Krebs – das Wort Krebs bezeichnet hier die Gesamtheit aller bösartigen Neubildungen einschließlich Leukämie – liegen vielfältige epidemiologische Studien vor. Signifikante Erhöhungen des Krebsrisikos sind erst bei Strahlendosen im Bereich von einigen Zehnteln bis 1 Sievert (Sv) und höher beobachtet worden. Solche Dosen wurden bei den Überlebenden nach den Atombombenabwürfen in Hiroshima und Nagasaki festgestellt, bei bestimmten Personengruppen mit beruflicher Strahlenexposition (z.B Arbeiter im Uranbergbau, Röntgenärzte) und bei Patienten mit medizinisch bedingter Strahlenexposition (Strahlentherapie). Es gibt keine wissenschaftlich abgesicherten Erhebungen, die eine statistisch signifikante Erhöhung des Krebsrisikos nach Bestrahlung mit niedrigen Dosen belegen würden.

Bei kleinen Strahlendosen ist die Zahl der dadurch zusätzlich induzierten Krebsfälle so gering, daß sich diese Fälle nicht aus den Schwankungen der normalen Krebsraten herausheben, wie sie andere Faktoren wie Lebensgewohnheiten, genetische Anlagen etc. verursachen.

Das im Auftrag des Bayerischen Staatsministeriums für Landesentwicklung und Umweltfragen 1988 begonnene, langfristig angelegte Vorhaben „Strahlenbiologisches Umweltmonitoring Bayern" brachte inzwischen erste Ergebnisse. Diese Untersuchung gliedert sich in die Teilprojekte Inzidenz und Mortalität bösartiger Neubildungen, Perinatalgeschehen und Säuglingssterblichkeit sowie Fehlbildungshäufigkeit bei Kindern. Neben dem radioaktiven Fallout infolge des Reaktorunfalls von Tschernobyl wurden auch weitere Umweltparameter, so z.B. Standort kerntechnischer Anlagen, natürliche Strahlenexposition oder Industrieansiedlungen, mit in die Untersuchung einbezogen.

Bezüglich der regionalen Verteilung der bösartigen Neubildungen insgesamt wurden bei der Mortalität in der Gesamtbevölkerung und beim Auftreten bösartiger Neubildungen bei Kindern keine signifikant abweichenden regionalen Besonderheiten deutlich. Bei der Analyse der regionalen Verteilung der Mortalität vor dem Hintergrund der in der Untersuchung berücksichtigten Umweltbedingungen zeigte keiner der einbezogenen Umweltfaktoren eine statistisch gesicherte Korrelation mit der Höhe der Mortalitätsraten in den bayerischen Landkreisen. Auch eine für die Umgebung kerntechnischer Anlagen durchgeführte Auswertung bezüglich der Zahl der an Leukämie erkrankten Kinder ergab keine statistisch signifikanten Auffälligkeiten.

Die Entwicklung der Säuglingssterblichkeit in Bayern wurde über einen Zeitraum von 19 Jahren (1972–1990) untersucht. Während dieses Zeitraums ist die Sterblichkeit der Kinder im ersten Lebensjahr von 22,1‰ im Jahr 1972 auf 6,2‰ im Jahr 1990 zurückgegangen. Mit einer Mortalität von 6,2‰ lag Bayern 1990 im internationalen Vergleich sehr niedrig und unter dem Bundesdurchschnitt von 7,1‰.

Zwischen 1984 und 1987 wurden in Bayern bei 3,4% der Lebendgeborenen schwere Fehlbildungen diagnostiziert, die innerhalb der ersten beiden Lebensjahre die Behandlung in einer Kinderklinik erforderlich machten. Knaben waren dabei mit durchschnittlich 3,8% häufiger betroffen als Mädchen mit 3,0%. Bei der weiteren Auswertung wird das Auftreten von Fehlbildungen bei Kindern mit korrelationsstatistischen Verfahren zu solchen Umweltvariablen in Beziehung gesetzt, die für die Entstehung von Fehlbildungen theoretisch verantwortlich sein könnten.

Die Untersuchungen werden insgesamt weitergeführt, wobei laufend neue Geburtsjahrgänge mit in die Auswertung einbezogen werden.

C   Mensch und Umwelt

C 1 Wirtschaft und Umwelt

1. Problemstellung

Die Konferenz der Vereinten Nationen für Umwelt und Entwicklung in Rio de Janeiro vom Juni 1992 enthält als zentrale Forderung die Entwicklung „nachhaltiger", d.h. umweltschonender Verbrauchs- und Produktionsstrukturen. Diese Aufgabe richtet sich besonders an die industrialisierten Länder.

Die Entwicklung von „nachhaltigen" Produktions- und Konsumstrukturen ist eine wichtige Voraussetzung für die wirtschaftliche Fortentwicklung. Sie ist Vorsorgepolitik, die sich auch ökonomisch rechnet.

Die jährlichen Umweltschäden in Deutschland werden auf derzeit rd. 6,8 % des Bruttosozialprodukts geschätzt. In absoluten Zahlen bedeutet dies volkswirtschaftliche Verluste durch Luft- und Gewässerverschmutzung, Bodenbelastung und Lärm in Höhe von derzeit rd. 203 Mrd. DM pro Jahr. Auch wenn Umweltschadensrechnungen keinen Anspruch auf exakte Genauigkeit erheben können, unterstreichen sie doch die These, daß vorsorgende Aufwendungen für den Umweltschutz kostengünstiger sind als nach- bzw. entsorgende Umweltschutzmaßnahmen.

Die Frage eines tragfähigen Nebeneinander von Ökonomie und Ökologie ist von der Bayerischen Staatsregierung frühzeitig aufgegriffen und politisch auch umgesetzt worden. Der Freistaat Bayern gründete 1970 das erste europäische Umweltministerium und hat seit dieser Zeit in vielen Bereichen der Umweltpolitik eine Vorreiterrolle eingenommen.

Die Wirtschaft des Freistaats weist heute eine unter umweltpolitischen Gesichtspunkten relativ günstige Branchenstruktur auf:

- Bedeutendster Wirtschaftsbereich im Freistaat – gemessen am Anteil an der Bruttowertschöpfung 1991 – sind die „Dienstleistungen" (ohne Staat und private Haushalte) mit 45%. Das Produzierende Gewerbe folgt mit einem Anteil von 40,2% erst an zweiter Stelle. Noch 1980 war die Reihenfolge umgekehrt: Der Anteil des Produzierenden Gewerbes lag bei 43,1 %, der der Dienstleistungen erst bei 40,2 %.

– Im vergangenen Jahrzehnt hat somit eine deutliche Verschiebung zugunsten des Dienstleistungssektors stattgefunden. Im Vergleich zu früher dominieren heute im Freistaat Wirtschaftsstrukturen, die in der Regel mit vergleichsweise geringeren Umweltbelastungen verbunden sind.

2. Ziele

2.1 Dauerhafte und umweltgerechte Entwicklung

Vorrangiges Ziel für unser Wirtschaften sind Produktions- und Konsumstrukturen, die mit geringerem oder zumindest nicht ansteigendem Verbrauch an nicht vermehrbaren oder nicht regenerierbaren Ressourcen sowie abnehmenden oder zumindest nicht zunehmenden Umweltbelastungen erwirtschaftet werden.

Dazu ist die Fortentwicklung von Wirtschaft und sozialer Wohlfahrt vom Umweltverbrauch und von der Umweltschädigung abzukoppeln. Diese Entkoppelung stellt den einzigen realistischen und erfolgversprechenden Weg zur ökologischen Weiterentwicklung der Industriegesellschaften dar. Deshalb sind „saubere Technologien", bei denen durch eine umweltfreundliche Optimierung des Produktionsverfahrens Umweltbelastungen erst gar nicht entstehen (integrierter Umweltschutz) der nachgeschalteten Umwelttechnik grundsätzlich vorzuziehen.

2.2 Kooperation statt Konfrontation

Fortschritte im Umweltschutz lassen sich nur in enger Zusammenarbeit mit der Wirtschaft erzielen. Die Staatsregierung ist deshalb bestrebt, dort auf gesetzliche Vorgaben zu verzichten, wo Umweltschutz auf der Basis kooperativer Lösungen mit der Wirtschaft ebenso erreicht werden kann. Beispiele für eine Kooperation sind

– die Errichtung der Gesellschaft zur Altlastensanierung in Bayern (GAB), die zu gleichen Teilen vom Freistaat und einem Förderverein der Bayerischen Industrie getragen wird;

– die Gesellschaft zur Entsorgung von Sondermüll in Bayern (GSB), die gemeinsam vom Freistaat, den kommunalen Spitzenverbänden und der bayerischen Industrie getragen wird;

2.3 Umweltorientiertes Management

Ziel ist es, möglichst viele Unternehmen in Bayern für eine systematische umweltbewußte Unternehmensführung zu gewinnen. Umweltorientiertes Management ist dadurch gekennzeichnet, daß

– über die gesetzlichen Vorschriften und Auflagen hinaus freiwillige Umweltschutzmaßnahmen ergriffen werden und

– der Umweltschutz als ganzheitliche Unternehmensstrategie in allen betrieblichen Funktionsbereichen umgesetzt wird.

Besondere Bedeutung kommt dabei aus Sicht der Staatsregierung der Freiwilligkeit und der Eigenverantwortlichkeit bei der Umsetzung der entsprechenden Maßnahmen zu.

Umweltingenieur bei der Kontrolle betrieblicher Einrichtungen

3. Maßnahmen

3.1 Umweltschutzinvestitionen

Die Wirtschaft im Freistaat unternimmt erhebliche Anstrengungen zur Erhaltung und zum Schutz der natürlichen Umwelt:

– Das Produzierende Gewerbe in Bayern hat von 1983–1991 – aktuellere Daten der amtlichen Statistik lagen bei Drucklegung noch nicht vor – insgesamt rd. 8 Mrd. DM in den Umweltschutz investiert. Gut die Hälfte (rd. 4 Mrd. DM) der gewerblichen Umweltschutzinvestitionen konzentrierte sich auf Betriebe der Energie- und Wasserversorgung, gefolgt vom Grundstoff- und Produktionsgütergewerbe mit rd. 1,9 Mrd. DM.

– Im Durchschnitt der Jahre 1989–1991 erreichte das jährliche Investitionsvolumen rd. 1,09 Mrd. DM. Dies bedeutet gegenüber dem Beginn der achtziger Jahre eine Verdoppelung.

– Der Anteil der Umweltschutzinvestitionen an den betrieblichen Gesamtinvestitionen lag 1991 im Durchschnitt des Produzierenden Gewerbes bei 4,3%. In Abhängigkeit von der jeweiligen Branchenzugehörigkeit bewegte sich dieser Anteil seit 1983 in einer Bandbreite von 1,1% bis in der Spitze von 15,7%.

– Schwerpunkt der Investitionen der Bayerischen Industrie im Jahr 1991 war die Luftreinhaltung (56,3%). Es folgten Inve-

Rauchgasentschwefelungsanlage Zolling – „chemische Fabrik" zur Schadstoffminimierung eines thermischen Kraftwerks

Mit dem „Umweltwapperl" für umweltbewußtes Wirtschaften
ausgezeichneter Hotelbetrieb

stitionen in den Gewässerschutz (22,1 %) und in die Abfallbeseitigung (17,3 %). Die niedrigste Investitionsquote entfiel
auf die Lärmbekämpfung (4,3 %).

3.2 Information und Beratung

Information und Beratung in Sachen Umweltschutz sind in
erster Linie eine Aufgabe der Selbsthilfeorganisationen der
Wirtschaft. Diese Einrichtungen haben in den letzten Jahren
ihr Informationsangebot in Umweltfragen erheblich ausgeweitet.

Die Staatsregierung unterstützt die Aktivitäten der bayerischen Wirtschaft zur Umweltinformation und Beratung. Aus
dem Bereich des Staatsministeriums für Landesentwicklung
und Umweltfragen lassen sich beispielhaft folgende Maßnahmen nennen:

– Die Förderung der Einrichtung und des Betriebes von sechs
  dezentralen Umweltberaterstellen bei den Bayerischen
  Handwerkskammern.

- Das „Bayerische Umweltschutz-Beratungs-Programm" für kleinere und mittlere Unternehmen der gewerblichen Wirtschaft in Bayern. Die Unternehmen erhalten daraus Zuwendungen zu den Beratungskosten für die (freiwillige) Durchführung von Umweltvorsorge-Untersuchungen in ihrem Betrieb. Seit 1990 wurden ca. 2.300 Umweltberatungen gefördert.

- Der inzwischen bereits in 2. Auflage erschienene Leitfaden „Umweltbewußter Hotel- und Gaststättenbetrieb" gibt den Hoteliers und Gastronomen mit 333 Umwelttips und umfangreichen Checklisten ein Hilfsmittel zur eigenständigen Umsetzung von Umweltschutzmaßnahmen im Betrieb an die Hand.

- Dieser Leitfaden ist Teil einer von Umwelt- und Wirtschaftsministerium gemeinsam mit den betroffenen Verbänden entwickelten Aktion, in deren Mittelpunkt der Wettbewerb „Umweltbewußter Hotel- und Gaststättenbetrieb" steht. Hotel- und Gaststättenbetriebe mit einer nachgewiesenermaßen umweltbewußten Betriebsführung werden von der Bayerischen Staatsregierung mit einem „Umweltzeichen" und Urkunden ausgezeichnet.

- Die Herausgabe einer „Förderfibel Umweltschutz", die sämtliche Umweltschutz-Förderprogramme für die gewerbliche Wirtschaft auf EG-, Bundes- und Landesebene darstellt.

3.3 Ökobilanzen/Öko-Controlling

Ausgangspunkt für eine gezielte umweltbewußte Unternehmensführung kann eine ökologische Schwachstellenanalyse sein, bei der die verschiedenen Unternehmensbereiche einem „Umwelt-Check" unterzogen werden. Die systematische Erfassung, Darstellung und Bewertung der Umweltauswirkungen eines Betriebs im Rahmen einer „Ökobilanz" vertieft die aus einem „Umwelt-Check" gewonnenen Ergebnisse. Das Öko-Controlling ist die Fortentwicklung zu einem systematischen Managementinstrument für Planung, Steuerung und Kontrolle aller umweltrelevanten Entscheidungen eines Betriebes. Im Freistaat haben bereits mehrere Unternehmen betriebliche Ökobilanzen bzw. Öko-Controlling-Konzepte veröffentlicht. Die Staatsregierung hat dazu im August und November 1993 gegenüber dem Bayerischen Landtag ausführlich berichtet.

3.4 Neue Marktchancen

Umweltschutz bedeutet für die Unternehmen nicht nur Kosten, sondern auch Chancen. Der Markt für Umwelttechnik in Deutschland hat sich in den vergangenen Jahren beständig vergrößert:

- Nach Schätzungen des BDI hat er mittlerweile ein Jahresvolumen von rd. 40 Mrd. DM erreicht, wobei jährliche Steigerungsraten von ca. 6 – 8% erwartet werden.

- Ungefähr 4.000 deutsche Unternehmen sind in diesem Marktsegment tätig.

- Der Umweltmarkt bietet Arbeitsplätze für derzeit etwa 680.000 Beschäftigte.

Deutsche und damit auch bayerische Unternehmen profitieren von den hohen Umweltstandards und von der langen Erfahrung mit der Umsetzung von Umweltschutzmaßnahmen auch auf dem Exportmarkt: Deutschland ist mit 21% Weltmarktanteil bei den „umweltschutzrelevanten" Gütern Marktführer.

C 2 Haushalte und Umwelt

1. Problemstellung

1.1 Umweltrelevanz privater Haushalte

Schätzungsweise 30 bis 40% der Umweltbelastungen gehen auf das Konto der Privathaushalte. Zwar ist die Belastung durch den einzelnen gering, doch können Millionen von Haushalten durch umweltbewußtes Verhalten beim Einkaufen, bei der täglichen Haushaltsführung sowie bei der Freizeitgestaltung in der freien Natur und im Garten in der Summe maßgeblich zur Be- oder Entlastung unserer Umwelt beitragen. Der Verbraucher bestimmt damit wesentlich die Umweltrelevanz von Produktion und Konsum mit.

In den vergangenen zwei Jahrzehnten hat sich in unserer Gesellschaft eine enorme ökologische Bewußtseinsbildung vollzogen. Freilich klaffen zwischen Einstellungen und Verhalten noch immer Lücken. Immerhin liegt nach neueren

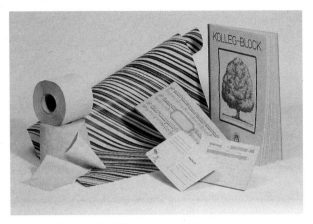

Umweltentlastung durch Verwendung von Recyclingprodukten

Untersuchungen der Anteil der „umweltaktiven Haushalte", bei denen sich auch eine Änderung des Kaufverhaltens feststellen läßt, bei inzwischen mehr als einem Drittel.

Vielfach mangelt es nicht am guten Willen, sondern nur am „gewußt wie". Aus dieser Situation ist ein neues Aufgabenfeld erwachsen: Umweltberatung, verstanden als die Vermittlung von Handlungsempfehlungen zum Schutz der Umwelt für die tägliche Lebenspraxis.

1.2 Umweltrelevanz der öffentlichen Haushalte

Staat, Kommunen und sonstige öffentliche Einrichtungen im Freistaat beschaffen jedes Jahr Güter und Dienstleistungen im Wert von Milliarden Mark. Dies kann mehr oder weniger umweltbewußt geschehen.

Das in der gesamten Bundesrepublik (alt) für den Umweltschutz relevante Beschaffungsvolumen wurde vom Umweltbundesamt 1989 mit über 160 Mrd. DM beziffert. Davon entfielen etwa 80 Mrd. DM auf Bund und Länder, die andere Hälfte auf die Kommunen. Der Anteil des Nachfragepotentials der öffentlichen Hand wird auf 7% des Bruttosozialprodukts geschätzt.

Aufgrund seines hohen Marktbeeinflussungspotentials kann das öffentliche Beschaffungswesen somit einen erheblichen Beitrag zum Umweltschutz leisten.

Grundlage für ein umweltorientiertes Auftragswesen im Freistaat bilden die bereits im Jahre 1984 erlassenen „Umweltrichtlinien Öffentlichen Auftragswesen". Die bisherigen Erfahrungen haben gezeigt, daß die Einbeziehung von Umweltgesichtspunkten in Beschaffungs- und Vergabeentscheidungen grundsätzlich akzeptiert wird. Die Umsetzung in der Praxis bereitet jedoch noch Schwierigkeiten. Als Hauptproblem einer durchgängig umweltorientierten Verwaltungsführung haben sich insbesondere Informationslücken erwiesen.

2. Ziele

2.1 Markttransparenz

Der Markt für „Öko-Produkte" ist zunehmend unübersichtlich geworden. Die Verbraucher verunsichert das; daß dies in Desinteresse an umweltbewußtem Einkaufen umschlagen kann, läßt sich nicht ausschließen. Ziel ist es deshalb, die Markttransparenz in ökologischer Hinsicht zu verbessern und dem Verbraucher – unabhängig ob Privathaushalt oder öffentliche Beschaffungsstelle – Entscheidungshilfen für den Einkauf an die Hand zu geben.

Der Verbraucher sucht hinter der Öko-Werbung nach einer passenden Gesamtkonzeption und honoriert ökologische Stimmigkeit und Kompetenz. Das zu 100% umweltfreundliche Produkt gibt es jedoch nicht. Praktisch jedes Produkt verursacht mehr oder minder große Umweltbelastungen in zumindest einer der Produktphasen Herstellung, Verteilung, Ge- und Verbrauch und Entsorgung. Umweltfreundlichkeit im Zusammenhang mit Produkten kann deshalb immer nur ein relativer Begriff sein. In diesem Sinne werden Produkte dann als umweltfreundlich bezeichnet, wenn ihre Umwelteigenschaften bei ganzheitlicher Betrachtung im Vergleich zu anderen demselben Gebrauchszweck dienenden Produkten erheblich günstiger zu beurteilen sind. Auf dieser Definition basiert das staatliche Umweltzeichen „Blauer Engel".

Bevorzugung möglichst umweltverträglicher Produkt- alternativen im Haushalt

Beispiele für Umweltzeichen und Gefahrensymbole

▼ Produkte mit umweltverträglichen Eigenschaften

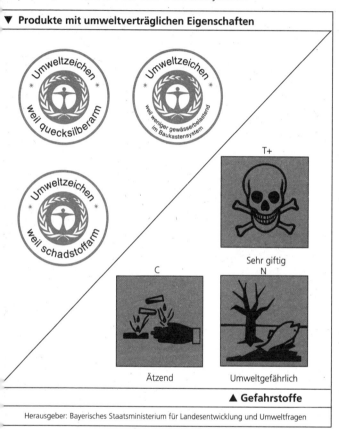

▲ Gefahrstoffe

Herausgeber: Bayerisches Staatsministerium für Landesentwicklung und Umweltfragen

---

Das staatliche Umweltzeichen „Blauer Engel" wurde 1977 von den für den Umweltschutz zuständigen Ministern des Bundes und der Länder als Einkaufshilfe für den umweltbewußten Verbraucher geschaffen. Die Verbraucher können mittlerweile (Stand: Anfang 1994) aus über 3.800 Produkten in 71 Produktgruppen wählen. Bei dieser Produktpalette sind 164 bayerische Unternehmen in 43 Produktgruppen mit 405 Produkten vertreten.

Das Umweltzeichen wird nach detailliert festgelegten Kriterien vom Deutschen Institut für Gütesicherung und Kennzeichnung e. V. (RAL) unter Beteiligung des Umweltbundesamtes und des Bundeslandes, in dem der Hersteller seinen Sitz hat, vergeben. Dies geschieht mittels Vergabegrundlagen, die in einem transparenten Verfahren unter Beteiligung von Fachleuten von einer neutralen Jury festgelegt werden. Das Umweltzeichen ist damit verläßlicher als undefinierte Werbefloskeln wie „Bio", „Öko" oder ähnliche Produktattribute. Die Umschrift des Blauen Engels „Umweltzeichen weil..." unterstreicht, daß es eine absolute Umweltfreundlichkeit nicht gibt. Der Verbraucher erhält durch das Umweltzeichen objektive Information über die Umwelteigenschaften eines Produktes, sollte aber dennoch nicht auf eine grundsätzliche kritische Prüfung seines Konsumverhaltens verzichten.

Mit ebenfalls der Zielsetzung, durch einheitliche Umweltstandards für Produkte die Markttransparenz zu verbessern, hat der Rat der Europäischen Gemeinschaft 1992 die „Verordnung über ein gemeinschaftliches System zur Vergabe eines Umweltzeichens" beschlossen. Das Umweltzeichen der EG soll an Produkte verliehen werden, die während ihrer gesamten Lebensdauer geringere Umweltauswirkungen als vergleichbare herkömmliche Produkte haben. Durch die Einführung des EG-Umweltzeichens wurde die Möglichkeit geschaffen, in allen EG-Ländern die Herstellung und den Kauf umweltverträglicherer Produkte zu fördern.

2.2 Umweltverträgliches Konsumieren und Verhalten im Privathaushalt

Ziel ist es, möglichst viele Bürger dafür zu gewinnen und in die Lage zu versetzen, im gesamten eigenen Lebensbereich unmittelbar zur Verringerung der Umweltbelastungen beizutragen. Zu diesem Zweck soll die Umweltberatung für Privathaushalte verstärkt werden. Dies erfordert keine neuen Umweltberatungsinitiativen, sondern die kontinuierliche Fortführung und Intensivierung der an zahlreichen Stellen bereits geleisteten Arbeit.

2.3 Die umweltbewußte öffentliche Verwaltung

Die öffentliche Hand ist aufgerufen, in ihrem eigenen Bereich alle Möglichkeiten zur Verringerung der Umweltbelastungen auszuschöpfen. Ziel ist es, die ökologische Vorbildfunktion staatlicher, kommunaler und sonstiger öffentlich-rechtlicher Einrichtungen bei der Vergabe von Aufträgen und bei der Verwaltungsführung konsequent und auf breiter Front zu verwirklichen.

Dieses Ziel leitet sich unmittelbar ab aus den Grundsätzen des Artikel 141 Abs. 1 der Bayerischen Verfassung. Danach gehört es zu den vorrangigen Aufgaben von Staat, Gemeinden und Körperschaften des öffentlichen Rechts, Boden, Wasser und Luft als natürliche Lebensgrundlage zu schützen, auf möglichst sparsamen Umgang mit Energie zu achten sowie die Leistungsfähigkeit des Naturhaushaltes zu erhalten.

Eine Verpflichtung zu umweltbewußter Beschaffung enthält das Bayerische Abfallwirtschafts- und Altlastengesetz vom 27. Februar 1991. Danach sind Staat, Gemeinden, Landkreise, Bezirke und die sonstigen juristischen Personen des öffentlichen Rechts verpflichtet, bei der Gestaltung von Arbeitsabläufen und bei ihrem sonstigen Handeln, vor allem im Beschaffungs- und Auftragswesen und bei Bauvorhaben, möglichst Erzeugnisse zu berücksichtigen, die sich durch Langlebigkeit, Reparaturfreundlichkeit und Wiederverwendbarkeit oder Verwertbarkeit auszeichnen, im Vergleich zu anderen Erzeugnissen zu weniger oder zu entsorgungsfreundlicheren Abfällen führen und aus Reststoffen oder Abfällen hergestellt worden sind. Finanzielle Mehrbelastungen und Minderungen in der Gebrauchstauglichkeit sind in angemessenem Umfang hinzunehmen.

Die Richtlinien der Bayerischen Staatsregierung über die Berücksichtigung von Umweltgesichtspunkten bei der Vergabe der öffentlichen Aufträge (Umweltrichtlinien Öffentliches Auftragswesen) sind der maßgebliche Rahmen für umweltbewußte Beschaffung in Bayern. Die Richtlinien sind seit 1989 für den staatlichen Bereich und seit 1990 auch für die sonstigen landesunmittelbaren Körperschaften, Stiftungen und

Anstalten des öffentlichen Rechts verbindlich. Dem kommunalen Bereich wurden sie 1990 zur Beachtung vorgeschrieben.

Die Umsetzung umweltorientierter Verwaltungsführung in die konkrete Praxis ist mit einem hohen Informationsbedarf verbunden. Diesen Informationsbedarf gilt es insbesondere durch Informationshilfen wie z. B. Leitfäden sowie durch Fortbildungsmaßnahmen zu decken.

3. Maßnahmen

3.1 Privathaushalte

Im Interesse verbesserter Umweltberatung privater Haushalte hat sich das Staatsministerium für Landesentwicklung und Umweltfragen insbesondere darum bemüht,

– Beratungseinrichtungen (Verbraucherzentrale Bayern, Bayerische Hausfrauenvereinigung des Katholischen Deutschen Frauenbundes, Deutscher Hausfrauenbund) zu unterstützen und finanziell zu fördern,

– eine Zentrale Informationsstelle für Umweltberater beim GSF-Forschungszentrum für Umwelt und Gesundheit aufzubauen,

– Umweltberater fortzubilden,

– bestehende Beratungsaktivitäten über einen Arbeitskreis zu koordinieren.

Um dem Informationsbedürfnis von Bürgern zu entsprechen, hat das Staatsministerium für Landesentwicklung und Umweltfragen auch eine Reihe von Serviceeinrichtungen geschaffen. Dazu gehören

– die Bürgerberatungsstelle im Ministerium,

– die Chemikalienberatungsstelle am Landesamt für Umweltschutz,

– das Bildschirmtext-Informationssystem,

– die luft- und strahlenhygienische Dateninformation über das Videotextsystem „Bayerntext" des Bayerischen Rundfunks.

3.2 Öffentliche Haushalte

Als die wohl wichtigste Maßnahme ist der „Behörden-leitfaden Umweltschutz – Leitfaden zur Berücksichtigung von Umweltgesichtspunkten in Behörden und sonstigen öffent-lichen Einrichtungen" anzusehen. Er wurde vom Staatsmi-nisterium für Landesentwicklung und Umweltfragen auf der Grundlage einer Modellstudie über die Betriebsführung und das Beschaffungswesen im Dienstgebäude des Ministeriums erarbeitet und allen bayerischen Verwaltungen zur Verfü-gung gestellt. Bisher wurden über 40.000 Exemplare ver-teilt. Die Fortschreibung des Behördenleitfadens Umwelt-schutz ist geplant. Dabei soll wiederum eine enge Verzah-nung mit dem vom Umweltbundesamt herausgegebenen Handbuch „Umweltfreundliche Beschaffung – Handbuch zur Berücksichtigung des Umweltschutzes in der öffentlichen Verwaltung und im Einkauf" erfolgen. Das Handbuch kann als umfassende und detaillierte Handlungsanleitung für eine umweltfreundliche Verwaltungsführung die geforderte kon-sequente Umsetzung der Umweltrichtlinien Öffentliches Auftragswesen unterstützen.

Neben dem Informationsangebot des Behördenleitfadens kommt der Fortbildung eine zentrale Rolle zu. Die Bayeri-sche Verwaltungsschule hat seit 1989 in ihrem Wochen-seminar „Wirtschaftlich einkaufen für die Verwaltung" für staatliche und kommunale Beschaffer das Thema „Umwelt-freundlich Einkaufen" aufgenommen. Aufgrund des starken Interesses zum Thema Umweltschutz wird seit 1990 auch das Tagesseminar „Umweltfreundlich Einkaufen" auf den Seminarplan gesetzt. Derzeit befindet sich ein neues Seminar-konzept – ein 3-Tages-Seminar – in Vorbereitung, das dem gestiegenen Informationsbedürfnis auf diesem Sektor Rech-nung trägt.

Um den öffentlichen Beschaffungsstellen eine wirksamere Markterkundung beim Einkauf umweltfreundlicher Produk-te zu ermöglichen, ist beabsichtigt, die Dienstleistungs-funktion der Landesauftragsstelle Bayern zu stärken. Die bestehende Datenbank soll umfassend ausgebaut werden, damit die Landesauftragsstelle in die Lage versetzt wird, den

Einkäufern der öffentlichen Hand für möglichst viele umweltfreundliche Produkte bayerische Anbieter zu benennen.

Mit Beschluß des Bayerischen Ministerrates vom 4. Juni 1991 wurden die Bayerischen Staatsministerien darauf hingewiesen, dafür Sorge zu tragen, daß in ihrem Zuständigkeitsbereich möglichst Recyclingpapier verwendet wird. Nur in besonders begründeten Ausnahmefällen darf davon abgewichen werden.

Unter Mitwirkung und mit finanzieller Unterstützung des Staatsministeriums für Landesentwicklung und Umweltfragen wurde 1991 der Leitfaden „Umwelterziehung" – Handreichung für Schulleiter an bayerischen Schulen" vom Staatsinstitut für Schulpädagogik und Bildungsforschung, München, herausgegeben. Dieser Leitfaden wurde an alle Schulen verteilt und soll die Schulleiter in die Lage versetzen, den gesamten Themenbereich von „Umwelt und Schule" abzudecken.

Der vom Staatsministerium für Landesentwicklung und Umweltfragen herausgegebene Leitfaden „Das umweltbewußte Alten- und Pflegeheim" ist vor allem für die Alten- und Pflegeheime der öffentlichen Wohlfahrtspflege bestimmt. Der Leitfaden zeigt anhand von rund 400 Tips, wie ein Alten- und Pflegeheim umweltgerecht betrieben werden kann. In zahlreichen Berechnungsbeispielen wird dargestellt, daß durch Umweltschutzmaßnahmen auch erhebliche Kosteneinsparungen bei den Zentralen Einrichtungen, in der Küche, im Speisesaal, im Pflegebereich usw., erzielt werden können.

Hilfestellung für einen konsequenten und ganzheitlichen Umweltschutz in kleinen und mittleren Gemeinden soll das Modellprojekt „Umweltschutz in der Gemeinde" des Bayerischen Umweltministeriums geben, das in enger Zusammenarbeit mit dem Bayerischen Gemeindetag durchgeführt wird. In einer projektbegleitenden Arbeitsgruppe sind auch der Bayerische Städtetag und der Landkreisverband Bayern sowie die betroffenen Staatsministerien vertreten. Ziel des Projekts ist die Erarbeitung eines Umweltleitfadens, der für alle kommunalen Aufgabenbereiche konkrete organisatorische und fachliche Handlungsanleitungen im Umweltschutz geben soll. Alle bayerischen Gemeinden sind aufgefordert, ihre Erfahrungen im Umweltschutz in den Leitfaden einzubringen.

C 3 Gesundheit und Umwelt

1. Problemstellung

Die öffentliche Diskussion über die gesundheitlichen Auswirkungen von Umweltbelastungen wird zunehmend intensiver geführt. Die Verbreitung von Umweltchemikalien über die Luft, das Wasser oder die Nahrungskette wirft Fragen nach dem damit verbundenen gesundheitlichen Risiko auf. Über die akuten Folgen hinaus gewinnt auch zunehmend an Bedeutung, die Langzeitwirkungen von Belastungen abzuschätzen. Der Bewertung von in geringer Konzentrationen vorkommenden, jedoch relativ toxischen Stoffen wie z.B. Dioxinen und Furanen, gilt inzwischen größere Aufmerksamkeit als den klassischen Luftschadstoffen.

Einflußfaktoren für Allergien

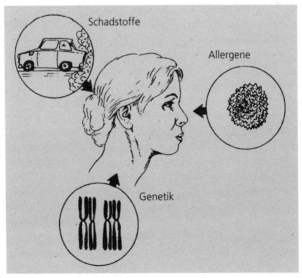

Schadstoffe

Allergene

Genetik

Die Häufigkeit von Allergieerkrankungen hat in den letzten Jahrzehnten zugenommen. Dies wirft die grundsätzliche Frage auf, welche Rolle bestimmte Umwelteinflüsse für diese Entwicklung spielen. So kann ein mit gehäuftem Kontakt zu Allergenen verbundener Lebensstil, das durch ungünstiges Raumklima geförderte Wachstum von Hausstaubmilben oder die allgemeine Belastung mit Umweltschadstoffen für die Zunahme von Allergien mitverantwortlich sein. Schadstoffe können insbesondere die Auslösung einer durch natürliche Faktoren hervorgerufenen Allergie fördern.

Monokausale Erklärungsansätze reichen bei der Untersuchung von Zusammenhängen zwischen Umweltfaktoren und gesundheitlichen Belastungen nicht aus. Lebensgewohnheiten, Berufstätigkeit, Familiensituation und sonstiges häusliches Umfeld beeinflussen ebenso wie die physikalische oder chemische Umweltbelastung unsere Gesundheit. Auch Witterungseinflüsse können für den zeitlichen Verlauf von Erkrankungen bedeutsam sein. Aussagekräftige Forschungsvorhaben habe alle diese Faktoren zu berücksichtigen.

2. Ziele und Maßnahmen

2.1 Forschungsprogramme

Das Bayerische Staatsministerium für Landesentwicklung und Umweltfragen hat 1991 ein umfassendes Forschungsprogramm zum Bereich „Luftverunreinigungen und menschliche Gesundheit" gestartet. Die einzelnen Forschungsprojekte befassen sich schwerpunktmäßig mit den direkten Auswirkungen von Umweltschadstoffen über den Luftpfad einschließlich der Innenraum-Belastungen. Geklärt werden soll dabei z.B. die Bedeutung von Umweltschadstoffen für die Entwicklung von asthmatischen und allergischen Beschwerden bei Kindern. Nachgegangen wird ferner der Frage nach möglichen Wechselwirkungen zwischen Allergenen und Umweltchemikalien.

In einer 1992 veröffentlichten Studie wurden die Häufigkeiten von asthmatischen und allergischen Erkrankungen bei Schulkindern in München bzw. in ländlichen Gemeinden Südwest-Oberbayerns ermittelt. Bei allen Schülern wurden dabei auch die Lungenfunktionen untersucht. Auf die Allergietestung haben 42% der Münchner Kinder und 38% der Kinder auf dem Land reagiert. Dies waren höhere Quoten, als allgemein erwartet worden war. Bei ca. 10% der Kinder ist ein Asthma bronchiale ärztlich diagnostiziert worden, bei weiteren annähernd 8% wurden charakteristische, auf das Vorliegen einer Erkrankung an Asthma hinweisende Beschwerden festgestellt, ohne daß eine entsprechende ärztliche Diagnose gestellt worden wäre.

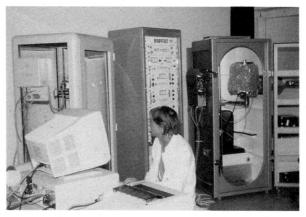

Modernes Lungenfunktionslabor

Unter den außerhalb des Körpers entstehenden exogenen Belastungsfaktoren kommt der Passivrauchbelastung große Bedeutung zu. Nachweisbar war insoweit eine Zunahme bei der Häufigkeit von Asthma ebenso wie eine Verminderung der Lungenfunktion.

Hausstaubmilben sind die wichtigste Allergenquelle in der Wohnung und bilden ein wesentliches Risiko für Asthmatiker. Hohe Luftfeuchtigkeit und Raumtemperaturen begünstigen die Lebensbedingungen dieser Spinnentiere.

Obwohl allergische und asthmatische Erkrankungen der Kinder in der Großstadt etwas häufiger als auf dem Land beobachtet werden, kann der Unterschied bei der Gesamthäufigkeit nicht allein den unterschiedlichen Standortbedingungen zugeschrieben werden. In den Folgeuntersuchungen, mit denen bereits begonnen wurde, sollen ausgewählte Probandengruppen (Risiko-Patienten und gesunde Kontrollgruppe) hinsichtlich ihrer Schadstoffexposition und der weiteren Entwicklung der Krankheitsbilder genauer beobachtet werden.

Im Zusammenhang mit der Problematik des Sommer-Smogs wird der Einfluß erhöhter Ozonkonzentrationen auf die Lungenfunktion ausgewählter Bevölkerungsgruppen untersucht. Parallel zu diesem medizinischen Forschungsvorhaben wird die räumliche Verteilung von gesundheitsrelevanten Photooxidantien (Ozon, PAN) sowie von Stickstoffoxiden und verschiedenen Einzel-Kohlenwasserstoffen als Vorläufersubstanzen in München und im ländlichen Raum genauer erfaßt. Ein weiteres Projekt soll die Rolle bisher kaum erfaßter gasförmiger und partikelgebundener Luftschadstoffe wie z.B. PAH (polycyclische aromatische Kohlenwasserstoffe) oder organische Peroxide in zwei unterschiedlich belasteten Regionen Bayerns (München, Oberfranken) klären.

Im Zusammenhang mit der verbesserten Erfassung von Innenraum-Luftverunreinigungen konzentriert sich ein Forschungsvorhaben auf die Belastung von Fahrgästen und Fahrern verschiedener öffentlicher Verkehrsmittel im Raum München durch Stäube und Kfz-Abgase. In einem speziellen biochemischen Projekt soll anhand von Inhalations-Versuchen die Frühdiagnose der Wirkung von gängigen Luftschadstoffen auf die mechanische Abwehrkapazität des menschlichen Atemtraktes verbessert werden.

Zur Unterstützung der staatlichen Aktivitäten im Bereich der Umwelthygiene wurde Anfang 1993 aus Mitteln des Bayerischen Staatsministeriums für Landesentwicklung und Umweltfragen an der Technischen Universität München eine umweltmedizinische Beratungsstelle (Projektgruppe „Umwelt und Gesundheit") eingerichtet. Wesentliche Aufgabe der Projektgruppe ist es, aktuelle Erkenntnisse der Wissenschaft auf dem Gebiet der Umwelttoxikologie den für den Gesundheits- und Umweltschutz zuständigen Behörden, Standesorganisationen, Kliniken sowie den auf diesem Gebiet tätigen Beratungsstellen zu vermitteln. Die Projektgruppe initiiert regelmäßige Fortbildungsveranstaltungen, erstellt Informationsschriften zu aktuellen Problemstellungen im Rahmen des gesundheitsbezogenen Umweltschutzes und steht den auf diesen Gebiet tätigen staatlichen Stellen mit Beiträgen zu wissenschaftlichen Detailfragen zur Verfügung.

2.2 Verringerung von Innenraumbelastungen

Der Mensch hält sich heutzutage mehr in Innenräumen auf als früher. Haushaltschemikalien, Baustoffen und Einrichtungsgegenständen, von denen Schadstoffbelastungen ausgehen können, ist deshalb besondere Aufmerksamkeit zu widmen. Luftverunreinigungen in Innenräumen ergeben sich vor allem durch

– Tabakrauch (Passivrauch-Belastung),

– chemische Stoffe in Bauprodukten und Ausstattungsgegenständen sowie den Einsatz bestimmter Chemikalien in Produkten wie Bioziden, Farben, Lacken, Klebstoffen, Putz-, Reinigungs- und Pflegemitteln,

– Verbrennungsvorgänge, insbesondere bei Feuerstellen mit offenen Flammen,

– Betrieb technisch oder hygienisch unzulänglicher raumlufttechnischer Anlagen,

Schimmel an einer Zimmerwand: Mögliche Ursache von Asthma-Anfällen

- Kontamination des Innenraums mit biogenem Material (z.B. Pilze, Milben),
- Hausstaub und daran angelagerte Stoffe,
- Eintrag luftverunreinigender Stoffe von außen durch die Umgebungsluft bzw. Altlasten aus dem Baugrund,
- Radon aus belastetem Baugrund.

Die relevanten Stoffe und Stoffgruppen stammen aus unterschiedlichen Quellen. Ihre Zahl ist groß. Da die Entstehungsmechanismen von Verunreinigungen der Innenraumluft ganz verschiedenartig sind, ist es schwierig, dagegen vorzugehen. Wesentliches Ziel für entsprechende Maßnahmen muß es deshalb sein, Luftverunreinigungen in Innenräumen erst gar nicht entstehen zu lassen.

Das Vorgehen gegen die Innenraumbelastung muß insbesondere bestimmt sein von der

- Anwendung bestehender bzw. Schaffung neuer rechtlicher Regelungen zur Vermeidung von Innenraumluftbelastungen (insbesondere Regelungen nach dem Chemikaliengesetz),
- konsequenten Ausschöpfung der Möglichkeiten zur Erstellung von Normen und anderen technischen Vorschriften,
- freiwilligen Selbstverpflichtungen der Industrie mit dem Ziel der Beschränkung des Einsatzes bestimmter Stoffe in Innenräumen,
- Erarbeitung von Beurteilungsmaßstäben und Empfehlungen (Richtwerten) für ausgewählte Luftverunreinigungen unter dem Gesichtspunkt des vorbeugenden Gesundheitsschutzes wie auch für nachträgliche Maßnahmen (Sanierungen); Erlaß von meßtechnischen Regelungen,
- Information und Aufklärung der Öffentlichkeit über Vermeidungs-, Verminderungs- und Abhilfestrategien.

Für einschlägige Fragen steht dem Bürger die Chemikalien-Beratungsstelle am Landesamt für Umweltschutz zur Verfügung.

2.3 Vorsorge gegen Dioxine und Furane

Die Substanzgruppe der Dioxine und Furane wird aufgrund ihrer hohen Toxizität, ihrer weiten Verbreitung in der Umwelt sowie ihrer Anreicherung innerhalb der Nahrungskette zu den Umweltgiften mit dem höchsten Gefährdungspotential gezählt. Im Rahmen des gesundheitsbezogenen Umweltschutzes kommt deshalb Vorsorgemaßnahmen zur Verringerung dieser Belastung besondere Bedeutung zu. Das Bundesgesundheitsamt hat für die Aufnahme an Dioxinen und Furanen durch den Menschen eine Zielgröße festgesetzt. Danach soll ein Pikogramm, d.h. ein billionstel Gramm, pro kg Körpergewicht und Tag, unterschritten werden.

Der Vollzug einer Reihe von Rechtsvorschriften hat in Bayern bereits zu einer deutlichen Verringerung der Einträge in die Umwelt geführt. Bayern wendet ferner die von der Bund/Länder-Arbeitsgruppe Dioxine vorgeschlagenen Richtwerte zur Bodensanierung sowie die Handlungsempfehlungen zur Bodennutzung uneingeschränkt im Vollzug an.

Einschlägige bayerische Forschungsaufträge setzten sich mit Themen wie einem landesweiten Monitoring für Dioxingehalte in Fichtennadeln, Dioxinen in der Flugasche von Müllverbrennungsanlagen und Dioxingehalten in menschlichen Geweben (Erwachsene, Säuglinge) auseinander. Die Belastung des Menschen durch Dioxine und Furane stammt zu mehr als 90% aus der Nahrung. In seinem umfangrei-

Dioxinlabor des Bayerischen Landesamtes für Umweltschutz in Wackersdorf

chen Bericht „Dioxine und Furane in der Umwelt – Meßergebnisse aus Bayern" hat das Bayerische Landesamt für Umweltschutz Ergebnisse bisheriger Dioxinmessungen in Bayern zusammengefaßt.

Maßnahmen zum Schutz der Umwelt vor Schadstoffen bedürfen regelmäßiger Überwachung mit dem Ziel der Erfolgskontrolle. Eine leistungsfähige Umweltanalytik mit ausreichender Meßkapazität ist dabei ein Eckpfeiler. Aus diesem Grunde wurde die Außenstelle des Bayerischen Landesamtes für Umweltschutz in Wackersdorf mit einem für die Dioxinanalytik erforderlichen modernen, hochauflösenden Massenspektrometer ausgestattet.

2.4 Schutz vor elektromagnetischen Feldern

Überall, wo elektrische Energie transportiert wird und Elektrogeräte verwendet werden, entstehen zwangsläufig elektromagnetische Felder. Niederfrequente energietechnische Felder mit $16^{2}/_{3}$ und 50 Hertz bilden sich im Bereich von z.B. Hochspannungsleitungen, Elektroinstallationen, Haushaltsgeräten und Induktionsöfen aus. Elektromagnetische Strahlung tritt z.B. auf bei Radiosendern, Mobilfunkanlagen, Richtfunkstrecken sowie Radar- und Fernsehsendern im Frequenzbereich von 30 kHz bis 300 GHz.

Der Einsatz solcher Strahlungsquellen in Industrie, Verkehr, Handel, Medizin, Forschung, aber auch im Alltag, hat in den letzten Jahren beträchtlich zugenommen. Dementsprechend haben Häufigkeit und Intensität dieser elektromagnetischen Felder, mit denen der Mensch in Berührung kommt – auch als Elektrosmog bezeichnet – erheblich zugenommen. Teile der Bevölkerung befürchten davon Beeinträchtigungen für ihre Gesundheit.

Je nach Frequenzbereich und Feldstärke wirken diese Felder unterschiedlich auf den Menschen. Das Bundesamt für Strahlenschutz und die Deutsche Strahlenschutzkommission beim Bundesminister für Umwelt, Naturschutz und Reaktorsicherheit sind zu dem Ergebnis gekommen, daß nach dem derzeitigen Stand der internationalen Forschung kein nachweisbarer Zusammenhang zwischen einer Einwirkung von elektrischen oder magnetischen Feldern im Alltag und dem Auftreten von Kopfschmerzen, Übererregung, Erschöpfungszuständen und Allergien besteht. Auch eine krebsauslösende Wirkung etwa niederfrequenter Felder von Hochspannungsfreileitungen oder hoher Frequenz von Mobilfunkanlagen ist bisher nicht nachgewiesen.

Andererseits läßt sich angesichts bisher noch fehlender Kenntnisse über entsprechende Wirkungsmechanismen das Auftreten möglicher Spätwirkungen nicht prinzipiell ausschließen. Zahlreiche Fragen bedürfen noch der Klärung. Vor allem fehlen gesicherte Daten über die Exposition der Bevölkerung in den verschiedenen Lebensbereichen durch elektromagnetische Strahlungsfelder und deren Auswirkungen.

„Elektrosmog" im Haushalt

Um das Wissen über die tatsächliche Belastung der Bürger Bayerns durch elektromagnetische Felder zu vervollständigen, hat das Bayer. Staatsministerium für Landesentwicklung und Umweltfragen im Mai 1993 eine Untersuchung in Auftrag gegeben. Sie soll die gesamte Thematik, die speziellen Problembereiche, die vorliegenden wissenschaftlichen Erkenntnisse, die laufenden Untersuchungen und die sonstigen Aktivitäten darstellen und bewerten. Nach Auswertung dieses Gutachtens ist beabsichtigt, im erforderlichen Umfang ergänzende Daten über die Exposition der Bevölkerung meßtechnisch erheben zu lassen. Das Staatsministerium für Landesentwicklung und Umweltfragen wird prüfen, ob und ggf. welche Konsequenzen im Hinblick auf den Schutz der Bevölkerung vor elektromagnetischen Feldern zu ziehen sind und, soweit veranlaßt, mit entsprechenden Vorschlägen an die Bundesregierung herantreten. Die Beurteilung der biologischen Wirkungen von nichtionisierender Strahlung liegt vorrangig im Aufgabenbereich des Bundes.

Bis zur Klärung der noch offenen Fragen zur biologischen Wirksamkeit elektromagnetischer Felder sollten unter dem Gesichtspunkt der Gesundheitsvorsorge unnötige Strahlenexpositionen vermieden bzw. auf das nach dem Stand der Technik mögliche Maß beschränkt werden.

C 4 Abfall und Umwelt

1. Problemstellung

In den letzten drei Jahrzehnten ist – bis vor kurzem – die Menge der Abfälle aus Haushaltungen und Gewerbebetrieben durch die ständige Zunahme von Produktion und Verbrauch sprunghaft angestiegen. Hausmüll und hausmüllähnliche Abfälle aus Gewerbe und Industrie haben sich vervierfacht.

Die Abfälle setzen sich auch anders zusammen als früher. Heute überwiegen Papier, Glas, Kunststoffe und Metalle. An die Stelle der kleinen „Aschentonne" tritt deshalb immer öfter der großvolumige „Müllbehälter".

Der ehemals relativ harmlose und wertlose Abfall wurde zudem immer mehr zum inhaltsschweren Wohlstandsmüll, der nicht mehr wie früher auf unzähligen Müllkippen ungeordnet abgelagert werden kann.

Bayern hat die Neuordnung der Abfallentsorgung in den letzten 20 Jahren mit Nachdruck vorangetrieben. Wichtige Stationen waren die landesweite Einführung einer geregelten Hausmüllabfuhr, die Sanierung und Rekultivierung von mehreren tausend Müllkippen, der Bau neuer großer Behandlungsanlagen für Hausmüll für z.T. überregionale Einzugsgebiete und die Einrichtung zentraler Anlagen zur schadlosen Entsorgung von Sonderabfall. Bedeutsam war auch der Übergang der Abfallentsorgungspflicht von den Gemeinden auf die insoweit leistungsfähigeren Landkreise.

1.1 Integrierte Abfallwirtschaft

Lange Zeit war Kernstück der Abfallgesetzgebung die möglichst umweltschonende Behandlung und Ablagerung der Abfälle. Im Jahr 1990 wurde dann auch gesetzlich der Übergang zur Abfallwirtschaft eingeleitet, deren Grundsätze schon Eingang in die Praxis gefunden hatten.

Das Bayerische Abfallwirtschafts- und Altlastengesetz (BayAbfAlG) ist aufgrund eines Volksentscheides vom 17. Februar 1991 am 1. März 1991 in Kraft getreten. Damit wurde ein weiterer wichtiger Schritt weg von der reinen Abfallbeseitigung und hin zu einer ganzheitlichen Abfallwirtschaft getan. Das Gesetz will entsprechend den Anforderungen einer modernen Abfallwirtschaft die landesrechtlichen Möglichkeiten der Vermeidung und Verwertung von Abfällen umfassend ausschöpfen. Bayern kann für sich in Anspruch nehmen, mit dem neuen Abfallwirtschafts- und Altlastengesetz eines der modernsten Abfallgesetze in Europa zu haben.

Das integrierte Abfallwirtschaftskonzept, das nunmehr wesentlicher Bestandteil der bayerischen Abfallgesetzgebung ist, will in einer abgestuften Zielhierarchie

– das Abfallaufkommen so gering wie möglich halten (Abfallvermeidung),

– Schadstoffe in Abfällen soweit wie möglich vermeiden oder verringern (Schadstoffminimierung),

– angefallene Abfälle wie Glas, Papier, Metalle, Kunststoffe, Bauschutt und kompostierbare Stoffe getrennt erfassen und weitestgehend in den Stoffkreislauf zurückführen (stoffliche Abfallverwertung),

– stofflich nicht verwertbare Abfälle so behandeln, daß sie umweltverträglich verwertet oder abgelagert werden können; die thermische Behandlung ist nur für solche Abfälle zulässig, für die die Maßnahmen zur Abfallvermeidung, zur Schadstoffminimierung und der stofflichen Abfallverwertung ausgeschöpft sind (Abfallbehandlung),

– nicht verwertbare oder nicht weiter zu behandelnde Abfälle umweltverträglich ablagern (Abfallablagerung).

Die dem Entsorgungskonzept zugrundeliegende Zielsetzung leitet sich aus den allgemeinen umweltpolitischen Grundsätzen ab. Danach

– wird die wirksamste Schonung der Umwelt durch die Vermeidung von Abfällen erreicht,

– ist aus ökologischen und wirtschaftlichen Gründen mit Energie und Rohstoffen rationell umzugehen und

– können die Rückstände in eine endlagerfähige Form überführt werden, ohne daß dadurch die Altlasten von morgen entstehen, Rohstoffe in erheblichem Umfang eingespart und durch weitestgehende stoffliche Verwertung und thermische Behandlung der Abfälle die zu entsorgenden Abfallmengen verringert werden.

1.2 Trendwende in der Abfallwirtschaft

Mit dem Bayerischen Abfallwirtschafts- und Altlastengesetz und mit Hilfe großer Anstrengungen der Kommunen ist es gelungen, in der Abfallwirtschaft in den letzten Jahren eine große Trendwende zu bewirken:

– Erstmalig war 1991 die Abfallmenge – trotz steigender Einwohnerzahl – rückläufig (von 6,2 Mio. t im Jahre 1990 auf 5,93 Mio. t).

– Je Einwohner ging die Abfallmenge deutlich, d.h. um 8,5%, zurück (von 560,7 kg auf 512,8 kg).

– Die von der Staatsregierung für 1993 angestrebte Verwertungsquote von 30% konnte bereits im Jahr 1990 erreicht werden. Dieses hervorragende Ergebnis konnte im Jahr 1991 nochmals gesteigert werden, und zwar auf fast 40%.

– Auch der bis 1990 zu verzeichnende Trend eines stetigen Anstiegs der Restmüllmenge hat sich umgekehrt. Statt 5 Mio. t wie 1990 waren 1991 nur noch 4,16 Mio. t als Abfall

Abfallaufkommen in Bayern · 1980 – 1992

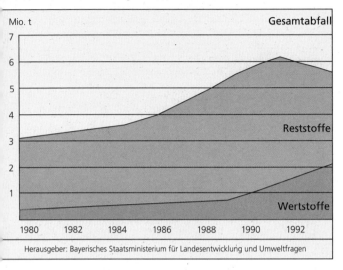

Herausgeber: Bayerisches Staatsministerium für Landesentwicklung und Umweltfragen

zu behandeln bzw. abzulagern. Je Einwohner ging die Restmüllmenge 1991 gegenüber 1990 um 19% zurück, d.h.
von 445 kg auf 360 kg.

Diese erfreuliche Entwicklung setzte sich auch 1992 fort:

- Das Gesamtabfallaufkommen je Einwohner nahm erneut
  um 2% ab (von 512,8 kg auf 502,6 kg).
- Die erfaßte Wertstoffmenge je Einwohner stieg gegenüber
  dem Vorjahr noch einmal um 19% (von 153,3 kg auf
  182,5 kg).
- Die Restmüllmenge ging pro Kopf noch einmal um 11%
  zurück (von 360 kg auf 320 kg). Das bedeutet einen
  Gesamtrückgang von 125 kg pro Einwohner in zwei Jahren (= 28%).

1.3 Abfallvermeidung

Der besondere Schwerpunkt des abfallwirtschaftlichen Handelns muß in der Abfallvermeidung liegen. Weil Abfall-
vermeidungsregelungen von der Kompetenzverteilung her

Vermeiden und Verwerten – Abfallbilanz '92 in Zahlen
Hausmüll, Sperrmüll, hausmüllähnliche Gewerbeabfälle

		1990	1991	1992
Mengen				
· **Gesamtabfallaufkommen**	Mio t	6,20	5,93	5,90
	kg/E,a	560,00	513,00	502,00
Abfallverwertung	Mio t	1,20	1,77	2,15
	kg/E,a	115,00	153,00	182,00
Restmüllmenge	Mio t	5,00	4,16	3,75
	kg/E,a	445,00	360,00	320,00
· **Verwertungsquote***		30,6%	39,6%	45,8%
· **Wertstoffsammlung**	kg/E,a			
Grüngut		35,50	46,20	51,80
Bioabfälle**			50,40	61,50
Papier		33,50	46,20	54,80
Glas		22,60	28,00	30,00
Metall		8,70	12,00	15,90
Kunststoff		0,95	1,40	1,80
Problemabfall		0,84	0,88	0,7***
Anlagen				
· Recyclinghöfe		405	943	1238
· Sorieranlagen für Gewerbe, Papier/Pappe, Kunststoffe		26	57	61
· Sortieranlagen für Bauschutt/Baustellenabfälle				45
· Kompostieranlagen		153	188	268
– davon für Grüngut und Bioabfall		15	43	59

*) bezieht sich nur auf Hausmüll
**) nicht flächendeckend
***) 1992 sind Autobatterien und Altreifen nicht mehr enthalten

Herausgeber:
Bayerisches Staatsministerium für Landesentwicklung und Umweltfragen

der Bundesregierung vorbehalten sind, eröffnen sich nur geringe Spielräume.

Die verbleibenden Möglichkeiten hat das neue bayerische Gesetz umfassend genutzt und konsequent umgesetzt u.a. durch

- die Verpflichtung der öffentlichen Hand, vorbildlich zur Erreichung der Ziele der Abfallwirtschaft beizutragen, z.B. im Wege finanzieller Förderung der Eigenkompostierung, des Verbots von Einweggeschirr bei öffentlichen Veranstaltungen auf Flächen der öffentlichen Hand, vorbildliches Beschaffungswesen der öffentlichen Hand, verstärkte Öffentlichkeitsarbeit und Verbraucheraufklärung sowie vermehrte Einstellung von Abfallberatern,
- die Herausgabe des „Behörden-Leitfaden Umweltschutz" mit praktischen Hinweisen zum Umweltschutz im täglichen Verwaltungsbetrieb und durch
- die Förderung von Vermeidungs- und Verwertungsaktivitäten durch die entsorgungspflichtigen Körperschaften.

Vor allem die verstärkten abfallvermeidenden Maßnahmen im öffentlichen Bereich zeigen deutlich Wirkung. Dieser positive Trend kann auch bei den Gewerbeabfällen festgestellt werden. Die Strategie der Vermeidung als der vorrangigen abfallpolitischen Zielsetzung ist damit voll bestätigt.

Für produktbezogene Maßnahmen der Abfallvermeidung ist der Bund zuständig. Eine auf Initiative Bayerns gefaßte Entschließung des Bundesrates fordert die Bundesregierung auf, einen Katalog unnötiger und unangemessener Verpackungen aufzustellen, die auf europäischer Ebene verboten werden sollen. Weiterhin wurde die Bundesregierung aufgefordert, die derzeit erreichten Mehrwegquoten für Getränkeverpackungen bei einzelnen Getränkegruppen auch für die Zukunft sicherzustellen und zu erhöhen. Die Bundesregierung hat daraufhin zwar den Entwurf einer Mehrwegverordnung vorgelegt, deren Verabschiedung jedoch bislang nicht vorangetrieben.

Die bayerischen Initiativen auf Bundesebene dienen insbesondere dem Ziel, den Schwerpunkt von der Abfallentsorgung auf die Abfallvermeidung zu verlagern.

1.4 Stoffliche Verwertung

Die getrennte Erfassung und die stoffliche Verwertung der verwertbaren Teile des Abfalls sind neben der Abfallvermeidung weitere Schwerpunkte des neuen Gesetzes. Die entsorgungspflichtigen Körperschaften müssen entsprechende Einrichtungen vorhalten, und zwar Erfassungssysteme (Hol- oder Bringsysteme) mindestens für Glas, Papier und Metall, sowie Recycling- bzw. Wertstoffhöfe und Einrichtungen zur Erfassung und Kompostierung des kompostierbaren Anteils des Hausmülls.

Aufgrund des gezielten Ausbaus der kommunalen Sammel- und Verwertungssysteme sind in Bayern bereits im Jahr 1991 bei der stofflichen Verwertung herausragende Ergebnisse erzielt worden. Diese Erfolge konnten 1992 nochmals gesteigert werden. 19% mehr Wertstoffe konnten aus dem Hausmüll aussortiert und einer Verwertung zugeführt worden. Bei den Einzelfraktionen ergeben sich für 1992 gegenüber 1991 folgende Zuwächse:

- Altpapier   19%
- Altglas   7%
- Altmetalle   52%
- Altkunststoffe   28%
- Grüngut   12%
- Bioabfall   22%.

Insgesamt 2,1 Mio. t Wertstoffe aus Haushaltungen (ohne Gewerbe) gegenüber 1,7 Mio. t im Jahr 1991 (1990: 1,2 Mio. t) haben die entsorgungspflichtigen Körperschaften im Jahr 1992 der stofflichen Verwertung zugeführt.

Die Verwertungsquote für Hausmüll hat sich im Landesdurchschnitt von 1991 auf 1992 um weitere 6,2 Prozentpunkte auf nunmehr 45,8% (1991: 39,6%) erhöht. Damit nimmt Bayern weiterhin im bundesweiten Vergleich einen Spitzenplatz ein. Daß eine derartige Steigerung in so kurzer Zeit möglich war, ist vor allem auf den gezielten und konzentrierten Ausbau der kommunalen Sammel- und Verwertungseinrichtungen und auf die Bereitschaft der Bürger zurückzuführen, diese Einrichtungen verantwortungsbewußt und diszipliniert zu nutzen.

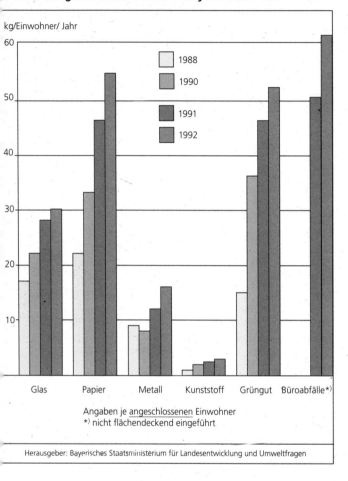

ammelmengen der Wertstoffe in Bayern 1988–1992

kg/Einwohner/ Jahr

Legend:
- 1988
- 1990
- 1991
- 1992

Kategorien: Glas, Papier, Metall, Kunststoff, Grüngut, Büroabfälle*)

Angaben je angeschlossenen Einwohner
*) nicht flächendeckend eingeführt

Herausgeber: Bayerisches Staatsministerium für Landesentwicklung und Umweltfragen

1.5 Umsetzung der Verpackungsverordnung

Die Verpackungsverordnung des Bundes sieht die Möglichkeit vor, ein privatwirtschaftlich organisiertes System zur Erfassung gebrauchter Verpackungen zum Zweck der Verwertung aufzubauen (sog. Duales System). Da die entsprechenden Voraussetzungen erfüllt waren, hat das Bayerische Staatsministerium für Landesentwicklung und Umweltfragen als für Bayern zuständige Behörde Ende 1992 – unter strengen Auflagen und für Kunststoffverpackungen befristet bis Juni 1994 – die Einführung des Dualen Systems genehmigt. Hersteller und Handel wurden dadurch von den Rücknahme- und Pfandpflichten der Verordnung für Verkaufsverpackungen freigestellt.

Das System – Bayern konnte im Bundesrat entsprechende Abstimmungs- und Berücksichtigungspflichten für das Duale System durchsetzen – ist auch verpflichtet, sich auf Verlangen der vorhandenen kommunalen Wertstofferfassung zu bedienen und dafür ein angemessenes Entgelt zu entrichten. Ob eine Vereinbarung mit dem Dualen System geschlossen wird, ist Sache der entsorgungspflichtigen Körperschaften.

Das Bayerische Staatsministerium für Landesentwicklung und Umweltfragen war auch bemüht, Fehlentwicklungen im Bereich des Wettbewerbsrechts – hier drohte eine einseitige Entwicklung zu Lasten mittelständischer Betriebe und eine Diskriminierung von Verpackungsmaterialien aus natürlichen Rohstoffen – entgegenzutreten. Dabei konnte erreicht werden, daß Verpackungsmaterialien aus natürlichen Rohstoffen im Dualen System Berücksichtigung finden müssen und daß mittelständische Entsorgungs- und Verwertungsunternehmen bei Aufträgen zu berücksichtigen sind.

1.6 Restmüll

Hausmüll und hausmüllähnliche Gewerbeabfälle

Die kommunalen Anstrengungen zur Abfallvermeidung und Abfallverwertung haben bewirkt, daß 1992 die einwohnerbezogene Restmüllmenge, die als Abfall zu behandeln und abzulagern war, gegenüber 1991 erneut um fast 11% zurückgegangen ist: von 360 kg auf 320 kg. Der Rückgang beträgt im einzelnen bei:

- Hausmüll   8,4%
- hausmüllähnlichen Gewerbeabfällen   17,3%.

Die Gesamtrestmüllmenge belief sich damit 1992 auf nur noch 3,75 Mio. t gegenüber 4,16 Mio. t im Vorjahr. Wäh-

Hausmüll
Kommunale Zweckverbände und Zusammenschlüsse zur Abfallentsorgung

Stand 1.1.1993

Landesgrenze

Grenzen der Regierungsbezirke

Grenzen der kreisfreien Städte und Landkreise

ANSBACH Sitz einer Regierung

Kelheim Name eines Landkreises

MÜNCHEN Landeshauptstadt

Kreisfreie Stadt

Stand 1.1.1991

0 10 20 30 40 50 km

Kommunale Zweckverbände:

2 Zweckverband für Abfallwirtschaft in Nordwest-Oberfranken

3 Zweckverband zur Abfallbeseitigung in der Stadt Hof und im Landkreis Hof

4 Zweckverband Müllheizkraftwerk Bamberg Stadt und Land

5 Zweckverband Abfallwirtschaft Raum Würzburg

6 Zweckverband zur Abfallbeseitigung in der Stadt Ansbach und im Landkreis Ansbach

7 Zweckverband Abfallentsorgung Rangau

8 Zweckverband Abfallwirtschaft in der Stadt Erlangen und im Landkreis Erlangen-Höchstadt

9 Zweckverband Müllverwertung Schwandorf

10 Zweckverband Abfallwirtschaft Straubing Stadt und Land

11 Zweckverband Müllverwertungsanlage Region Ingolstadt

12 Nordschwäbischer Abfallwirtschaftsverband

13 Abfallzweckverband der Stadt Augsburg und der Landkreise Augsburg und Aichach-Friedberg

15 Zweckverband Abfallwirtschaft Donau-Wald

16 Abfallwirtschaftsverband Isar-Inn

17 Zweckverband Abfallverwertung Südostbayern

19 Zweckverband Fernwärmeversorgung und Müllverbrennung Neufahrn-Eching

21 Abfallwirtschaftsverband Landkreis Starnberg

22 Zweckverband für Abfallwirtschaft Kempten (Allgäu)

23 Zweckverband für Abfallverwertung Erding und Freising

28 Zweckverband München Süd-Ost

Zusammenschlüsse:

1 GKS-Gemeinschaftskraftwerk Schweinfurt

14 Stadt- und Landkreis Landshut

18 Stadt- und Landkreis München

20 Gemeinnützige Gesellschaft zur Beseitigung und Verwertung von Abfällen in den Landkreisen Fürstenfeldbruck und Dachau mbH (GfA)

25 Stadt und Landkreis Rosenheim

27 Stadt Nürnberg und Nürnberger Land

Planungszweckverbände:

24 Zweckverband zur Vorbereitung der Errichtung einer zentralen Abfallbeseitigungsanlage für die Städte Kaufbeuren und Memmingen sowie die Landkreise Ostallgäu und Unterallgäu

26 Zweckverband zur Planung der Abfallentsorgung der Stadt Ansbach, des Landkreises Ansbach und des Landkreises Weißenburg-Gunzenhausen

Herausgeber: Bayerisches Staatsministerium für Landesentwicklung und Umweltfragen

Die neuzeitliche Abfallentsorgung erfordert vielfach eine enge kommunale Zusammenarbeit. So haben sich bis Januar 1993 77 Landkreise und kreisfreie Städte zur gemeinsamen Abfallentsorgung zusammengeschlossen

rend bis 1990 ein stetiger Anstieg der Restmüllmenge zu verzeichnen war, verläuft der Trend jetzt umgekehrt.

Gewerbemüll

Daß sich 1992 die Gewerbeabfallmengen in Bayern gegenüber 1991 um 17,3% verringert haben, stellt zweifellos eines der abfallwirtschaftlich erfreulichsten Ergebnisse dar. Der Rückgang ist hauptsächlich darauf zurückzuführen, daß 1991 teilweise restriktive Gewerbemüllsatzungen in Verbindung mit drastischen Gebührenerhöhungen in Kraft getreten sind, die jetzt positive Wirkung zeigen. Zudem ist eine erkennbar höhere Bereitschaft der Betriebe zur innerbetrieblichen Vermeidung und Verwertung von Gewerbeabfällen festzustellen.

Beim Gewerbeabfall sind im Vergleich zu den Abfällen aus Haushalten höhere Verwertungsquoten möglich, da der Gewerbeabfall oft homogen anfällt bzw. an der „Quelle" getrennt erfaßt werden kann. Auch lassen sich Wertstoffe bei den Gewerbeabfällen oft leichter aussortieren. Bei der neuen Gewerbemüllsortieranlage am neuen Flughafen München werden Verwertungsquoten von mehr als 50% erreicht.

Problemmüll

Die Problemabfälle machen mengenmäßig nur einen kleinen Teil des zu beseitigenden Hausmülls aus, tragen jedoch wesentlich zur Schadstoffbelastung im Restmüll bei. Dadurch ergeben sich Probleme bei Deponien (Sickerwasser) und bei der thermischen Abfallbehandlung (Rauchgasreinigung).

In Bayern wurden flächendeckend mobile („Giftmobil") und feste Sammelstellen (bei den Recyclinghöfen) eingerichtet, die Problemabfälle aus Haushalten und von Kleingewerbebetrieben annehmen. 1990 wurden bereits 9.500 t Problemabfälle gesammelt (1988 6.000 t) und einer Verwertung zugeführt bzw. gesondert entsorgt. 1992 wurden von den Gebietskörperschaften mit 8.600 Tonnen mengenmäßig weniger Problemabfälle gesammelt. Ursächlich dafür war aber nicht etwa eine Abnahme des Problembewußtseins, sondern die Tatsache, daß der Handel Autobatterien und Altreifen verstärkt zurücknimmt.

Krankenhausabfälle

Im Jahr 1990 fielen in den Krankenhäusern Bayerns insgesamt 267.600 t Abfälle an, überwiegend hausmüllähnliche Gewerbeabfälle und Bauschutt. Die erheblichen Anstrengungen bayerischer Krankenhäuser bei der Abfallvermeidung und Abfalltrennung haben in den letzten Jahren zu einer stark rückläufigen Tendenz beim Mengenanfall krankenhausspezifischer Abfälle geführt. Hier ist ein Rückgang um 48% von 14.050 t (im Jahr 1987) auf 7.310 t (im Jahr 1990) zu verzeichnen. Der Anteil an infektiösen Abfällen beträgt dabei mit 2.879 t knapp 40%.

Die Konzepte zur künftigen Entsorgung infektiöser Abfälle zielen vorrangig auf Verfahren zur thermischen Vorbehandlung dieser Abfälle in Autoklaven. Die so desinfizierten Abfälle können dann gemeinsam mit Hausmüll entsorgt werden. Zur Vorbehandlung werden in Bayern nur Verfahren zugelassen, die vom Bundesgesundheitsamt nach dem Bundesseuchengesetz auf ihre Eignung geprüft und in die im Bundesgesundheitsblatt veröffentlichte Liste der geprüften und anerkannten Desinfektionsmittel und –verfahren aufgenommen wurden. Die chemische Desinfektion ist hier nicht ausreichend und entspricht nicht dem Stand der Technik.

2. Ziele und Maßnahmen

2.1 Ausbau der Erfassungs- und Verwertungseinrichtungen

Trotz der erreichten Fortschritte gilt es, weiterhin alle Möglichkeiten auszuschöpfen, um die zu behandelnde und abzulagernde Restmüllmenge noch weiter zu verringern. Im Vordergrund stehen dabei der weitere flächendeckende Ausbau der Containerinseln und Wertstoffhöfe, die Errichtung zusätzlicher Wertstoffsortier- und Kompostieranlagen und der gezielte Ausbau der Verwertungsanlagen besonders für Gewerbeabfälle.

Wertstoffhöfe

Der flächendeckende Ausbau der Wertstoffhöfe ist bereits weit fortgeschritten. Ende 1993 waren mehr als 1400 die-

Vorbildlich gestalteter Wertstoffhof in Haldenwang

ser Einrichtungen fertiggestellt. Das Ausbauziel liegt bei je einem Wertstoffhof für durchschnittlich 6.500 Bürger bis Ende 1995. Das bedeutet mehr als 1.600 Wertstoffhöfe in Bayern. Mehr als 16.500 Containerinseln ergänzen die Wertstoffhöfe.

Der vom Bayerischen Staatsministerium für Landesentwicklung und Umweltfragen initiierte Wettbewerb „Der vorbildliche Wertstoffhof" hat Maßstäbe dafür gesetzt, wie Wertstoffhöfe baulich konzipiert werden sollten und was sie, gemessen an den Aufgaben und Prioritäten der künftigen Abfallwirtschaft, zu leisten vermögen.

Sortieranlagen

Zur Sortierung von hausmüllähnlichen Gewerbeabfällen werden derzeit in Bayern 7 Anlagen betrieben. Der verstärkte Zwang zur qualitativen Nachsortierung von Altpapier hat den Ausbau spezieller Altpapiersortieranlagen begünstigt. Seit 1990, als es 17 derartige Sortieranlagen in Bayern gab, hat sich deren Zahl mehr als verdoppelt. In 14 Anlagen werden Kunststoffe sortiert und aufbereitet.

Kompostieranlagen

Mehr als 270 Anlagen zur Grüngutkompostierung stehen in Bayern zur Verfügung. In den nächsten Jahren werden weitere Kompostieranlagen für Bioabfälle entstehen.

Baurestmassen

Insgesamt fallen in Bayern ca. 28 Mio. t Baurestmassen pro Jahr an. Sie setzen sich zusammen aus

- 20 Mio. t Erdaushub
- 2 Mio. t Straßenaufbruch
- 5 Mio. t Bauschutt
- 1,5 Mio. t Baustellenabfällen.

Erdaushub wird vielfach im Landschaftsbau oder bei Rekultivierungsmaßnahmen verwertet. Eine hohe Verwertungsquote wird auch beim bituminösen Straßenaufbruch erreicht. Das Material wird dabei in entsprechenden Aufbereitungsverfahren direkt vor Ort wiederverwendet oder als Zuschlagstoff in Asphaltmischanlagen eingesetzt.

Bauschutt wurde demgegenüber bisher deponiert, da in der Vergangenheit nur wenige Bauschutt-Aufbereitungsanlagen betrieben wurden. Erst in jüngster Zeit konnten entsprechende Planungen realisiert werden. Ende 1992 standen bereits 45 Bauschutt-Recyclinganlagen zur Verfügung.

2.2 Thermische Behandlung

Die thermische Behandlung muß die stoffliche Verwertung von Abfällen ergänzen. Nur so läßt sich das Ziel verwirklichen, die Ablagerung unvorbehandelter Abfälle auf Deponien künftig auszuschließen. Die seit Juni 1993 bundesweit geltende Technische Anleitung Siedlungsabfall läßt die Ablagerung unbehandelter Abfälle nämlich in naher Zukunft nicht mehr zu.

Die Verbrennung überführt die Abfälle in eine Form, die weitere chemische und biologische Reaktionen ausschließt.

Thermische Behandlungsanlagen für Hausmüll und hausmüllähnliche Abfälle in Bayern

Stand: November 93

Herausgeber: Bayerisches Staatsministerium für Landesentwicklung und Umweltfragen

Dabei wird der Abfall auf seinen Mineralstoffanteil reduziert, sein Volumen um 90% und sein Gewicht um 75% verringert. Die Reststoffe werden außerdem hygienisiert und inertisiert. Dies schont das knappe und nur noch begrenzt verfügbare Deponievolumen weitestmöglich. Alle thermischen Abfallbehandlungsanlagen Bayerns setzen die nutzbare Abwärme zur Strom- und/oder Fernwärme- bzw. Industriewärmeerzeugung oder zur Klärschlammtrocknung ein. Den anfallenden Schrott bekommen Hüttenwerke. Die Schlacke kann, wenn sie bestimmte Grenzwerte zum Schutz des Grundwassers einhält, im Wege- und Erdbau eingesetzt werden. Filterstäube werden unter Tage sicher abgelagert oder zur Auffüllung bergmännischer Hohlräume genutzt.

Mit Inkrafttreten der 17. Verordnung zum Bundes-Immissionsschutzgesetz im Dezember 1990 haben Neuanlagen bereits bei ihrer Inbetriebnahme, bestehende Anlagen bis spätestens Dezember 1996 die gegenüber der Technischen Anleitung Luft noch restriktiveren Grenzwerte dieser Verordnung einzuhalten. Im Interesse einer möglichst raschen Verminderung der Schadstoffbelastung hat das Staatsministeriums für Landesentwicklung und Umweltfragen dafür Sorge getragen, daß die sehr kostenintensive Nachrüstung dieser sog. Altanlagen umgehend in die Wege geleitet wurde. Schon jetzt erfüllen die bayerischen Altanlagen die Anforderungen der 17. BImSchV an die Emissionen, auch bei Dioxin, ganz oder zumindest in weiten Teilbereichen.

Im Interesse umfassender Bürgerinformation veröffentlicht das Bayerische Staatsministerium für Landesentwicklung und Umweltfragen die Meßwerte von Dioxin und anderen

Meßstation im Umfeld einer Abfallverbrennungsanlage

Schadstoffemissionen aus diesen Anlagen als Mitteilung an die Medien und über das Btx-System „Abfallwirtschaft".

Die 20 bayerischen Anlagen sind moderne, gesundheitlich und ökologisch verantwortbare Abfallbehandlungsanlagen. Zahlreiche Veröffentlichungen und Untersuchungen im Umfeld thermischer Abfallbehandlungsanlagen belegen dies.

Von der Suche nach neuen oder alternativen Behandlungsmethoden entbindet dies jedoch nicht. Bayern hält es weiterhin für geboten, die Perspektiven aller innovativen thermischen Behandlungstechnologien und –varianten mit dem Ziel der weiteren Minimierung der Emissionen und der Optimierung der Verwertung bzw. Reduzierung der Reststoffe auszuloten. Ein Beispiel dafür ist das laufende Genehmigungsverfahren für eine Demonstrationsanlage nach dem Schwelbrennverfahren in Fürth, die in wenigen Jahren den Hausmüll von 300.000 Bürgern thermisch entsorgen soll. Andere Varianten von Pyrolyseverfahren der „zweiten Generation" werden eingehend geprüft.

2.3 Abfallablagerung

Trotz aller Bemühungen zur Vermeidung und Verwertung bleiben bei allen Entsorgungssystemen nichtverwertbare Reststoffe übrig, die abgelagert werden müssen. Darüber hinaus ist für die Reststoffe aus der stofflichen Verwertung und thermischen Behandlung die Vorhaltung von Reststoffdeponien erforderlich. Deponien sind somit unverzichtbar.

Die Technische Anleitung Siedlungsabfall und die Technische Anleitung Sonderabfall regeln bundesweit als Verwaltungsvorschriften auf der Ermächtigungsgrundlage des Abfallgesetzes den Stand der Technik zur Errichtung von Deponien.

Die Deponien sind so zu planen, zu errichten und zu betreiben, daß sie weder mittel- noch langfristig zu einer Beeinträchtigung des Wohls der Allgemeinheit führen. Aus diesem Grund müssen sie nach Beendigung der Verfüllungsarbeiten und einer gewissen Zeit der Nachsorge sich selbst überlassen werden können.

Die Abfälle selbst müssen dabei die wirksamste und dauerhafteste Barriere gegen einen Schadstoffeintrag in den Untergrund bilden. Aus diesem Grund ist es erforderlich, daß die Abfälle bestimmte Eingangskriterien für die Ablagerung erfüllen. Folglich sind die abzulagernden Abfälle, soweit sie diesen Anforderungen nicht entsprechen, zu behandeln, d.h. von Schadstoffen zu entfrachten und soweit wie möglich zu mineralisieren.

Diese Entsorgungsschritte lassen sich nach bisherigem Kenntnisstand für die Mehrzahl der unter den Siedlungsabfallbegriff fallenden und abzulagernden Abfällen nur durch den Einsatz thermischer Verfahren erreichen. Dabei werden Volumen und Menge der abzulagernden Abfälle weitgehend reduziert, organische Verbindungen zerstört und die verbleibenden Reststoffe soweit wie möglich in verwertbare Bestandteile überführt.

Für Deponien gilt im Hinblick auf die Langzeitsicherung – neben den Anforderungen an die abzulagernden Abfälle – das Mehrbarrierenkonzept: eine geologische Barriere, eine Basisabdichtung, eine bestimmte Einbautechnik sowie eine Oberflächenabdichtung .

Bis die nötigen Kapazitäten an thermischen Behandlungsanlagen überall in Bayern zur Verfügung stehen, müssen bestehende Hausmülldeponien überhöht oder erweitert und neue Deponien als Übergangsdeponien in Kauf genommen werden. Die TA-Siedlungsabfall, in Kraft seit dem 1. Juni 1993, sieht hierfür eine Frist von höchstens 12 Jahren vor. Diese Übergangsfristen müssen allerdings so kurz wie möglich bleiben. Bisherige Lösungen dürfen nicht dazu dienen, daß beseitigungspflichtige Gebietskörperschaften fällige Entscheidungen aufschieben. Deponieraum ist zu kostbar, als daß er anders als für Reststoffe benutzt wird. Hausmülldeponien bisheriger Bauart sind im übrigen trotz moderner Deponietechnik mit zeitlich unkalkulierbaren Nachfolgelasten aufgrund der notwendigen Reinigung der Sickerwässer und der Behandlung der Deponiegase verbunden.

In Bayern bestehen derzeit 51 Hausmüll-, 9 Reststoff- und 2 Klärschlammdeponien, auf denen jährlich insgesamt rund 2 Mio. t Abfälle gelagert werden.

Deponien für Hausmüll, hausmüllähnliche Abfälle und Klärschlamm in Bayern (Stand: 1.1.1993)

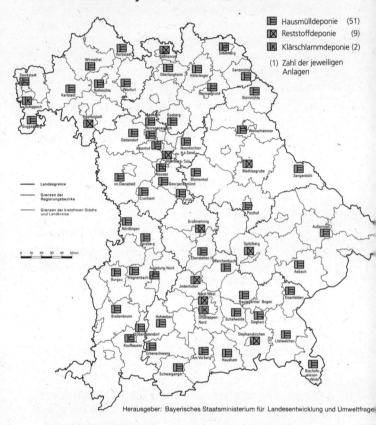

Herausgeber: Bayerisches Staatsministerium für Landesentwicklung und Umweltfrage

Für die Standortsuche und die anschließende Entscheidung, welche Standorte in den gesetzlichen Verfahren (Raumordnungs- und Planfeststellungsverfahren) auf ihre Eignung geprüft werden sollen, sind die Landkreise und kreisfreien Städte als entsorgungspflichtige Körperschaften selbst verantwortlich. Die Abfallentsorgung ist für sie Pflichtaufgabe im eigenen Wirkungskreis.

Alle entsorgungspflichtigen Körperschaften haben nach dem Bayerischen Abfallgesetz eine Ausfall- und Reststoffdeponie mit einer verfügbaren Nutzungsdauer von rund 6 Jahren laufend vorzuhalten.

Die Sonderabfalldeponien in Raindorf des Zweckverbandes Sondermüll-Entsorgung Mittelfranken und in Gallenbach der Gesellschaft zur Beseitigung von Sondermüll in Bayern mbH gehören weltweit zu den modernsten Sonderabfallentsorgungsanlagen. Bei ihrem Ausbau wurde die jüngste Entwicklung des Standes der Deponietechnik, wie sie in der TA-Sonderabfall festgelegt ist, bereits vor deren Inkrafttreten voll berücksichtigt.

3. Altlastverdächtige Flächen und Altlasten

Altablagerungen sind stillgelegte, d.h. nicht mehr in Betrieb befindliche Ablagerungsplätze, in denen Abfälle behandelt oder abgelagert wurden (vor allem kommunale Altdeponien). Altstandorte sind Grundstücke stillgelegter Anlagen oder sonstige Betriebsflächen, in oder auf denen mit umweltgefährdenden Stoffen umgegangen wurde. Unter Altlasten versteht man in der Vergangenheit auf begrenzten Flächen entstandene Belastungen der Umwelt, vor allem des Bodens und des Wassers, durch Abfälle oder sonstige umweltgefährdende Stoffe im Bereich von Altablagerungen oder Altstandorten, wenn aufgrund einer Gefährdungsabschätzung feststeht, daß eine Gefahr für die öffentliche Sicherheit und Ordnung vorliegt und zur Wahrung des Wohls der Allgemeinheit Sanierungsmaßnahmen erforderlich sind.

Altlastenerhebung

Mit der Erhebung der Altlasten wurde 1985 begonnen. Bis 1.1.93 wurden im Altlastenkataster des Bayerischen Landesamts für Umweltschutz 4939 Altlastverdachtsflächen erfaßt, davon 3820 Altablagerungen und 1119 Altstandorte. Altlastverdachtsflächen lassen aufgrund bisher bekannter Umstände eine Gefahr für die öffentliche Sicherheit und Ordnung vermuten. Das tatsächliche Vorliegen dieser Gefahren kann jedoch erst nach weiteren Untersuchungen bestätigt bzw. verneint werden.

Die 4939 Altlastverdachtsflächen verteilen sich auf die Regierungsbezirke wie folgt:

Regierungsbezirk	Altablagerungen	Altstandorte	Gesamt
Oberbayern	1326	821	2147
Niederbayern	204	52	256
Oberpfalz	218	65	283
Oberfranken	190	60	250
Mittelfranken	117	43	160
Unterfranken	418	19	437
Schwaben	1347	59	1406
Bayern gesamt	3820	1119	4939

Diese Altlastverdachtsflächen wurden einer „Erstbewertung" unterzogen, welche die Dringlichkeit zu weiterer Untersuchungen angibt. Bei 20% der Verdachtsflächen besteht vorrangiger Untersuchungsbedarf.

Abwicklung von Altlastenfällen

Für die Abwicklung von Altlastenfällen ist die Kreisverwaltungsbehörde zuständig. Sie hat die notwendigen Maßnahmen zu veranlassen und zu koordinieren. Der Altlastenbesitzer (Zustandsstörer oder Handlungsstörer) hat nach dem Verursacherprinzip zunächst die weiteren Untersuchungen und Sanierungsplanungen selbst im Einvernehmen mit den Fachbehörden, die von der Kreisverwaltungsbehörde zugezogen werden, durchzuführen. Sollte er sich weigern, kann die zuständige Behörde in Ersatzvornahme die Arbeiten vergeben. Von den Kosten wird er dadurch nicht befreit. Diese Regelung gilt sowohl für kommunale als auch für industrielle Altlasten.

Für den Bereich der industriellen Altlastenfälle hat sich Bayern außerdem für ein Kooperationsmodell entschieden. 1989 wurde die Gesellschaft zur Altlastensanierung mbH (GAB) gegründet, an der die bayerische Industrie und der Freistaat Bayern paritätisch beteiligt sind. Die GAB wird gemäß dem Verursacherprinzip nur dann tätig, wenn die erforderlichen Maßnahmen der Gefahrenabschätzung und der Sanierung aus tatsächlichen oder rechtlichen Gründen gegenüber einem Verantwortlichen nicht oder nicht auf dessen Kosten durchgesetzt werden können. Hat ein leistungsfähiges Unternehmen eine Altlast verursacht, so ist es nach den bestehenden abfallrechtlichen, wasserrechtlichen und sicherheitsrechtlichen Vorschriften zu Sanierungsmaßnahmen kostenpflichtig heranzuziehen. Die GAB wird erst dann tätig, wenn und soweit das Unternehmen wegen Zahlungsunfähigkeit die Sanierungskosten nicht aufzubringen vermag. Zur Finanzierung der GAB tragen der Freistaat Bayern und die Industrie für die Dauer von 10 Jahren jährlich je 3 Mio. DM bei.

Errichtung von Behandlungsanlagen

Da Deponievolumen immer knapper wird, ist der Behandlung von kontaminiertem Material grundsätzlich der Vorzug vor der Ablagerung auf einer Deponie zu geben. Bei Sanierungsmaßnahmen ist darauf zu achten, daß die Schadstoffe nicht lediglich in ein anderes Medium verlagert werden. Die Behandlung zielt darauf ab, das gereinigte Material wieder vor Ort einzubringen oder aufgrund seines geringen Schadstoffpotentials zu verwerten bzw. auf Bauschutt- oder Monodeponien abzulagern.

Zur Umsetzung dieser Konzeption werden derzeit in Bayern Bodenbehandlungsanlagen betrieben und zusätzlich errichtet, in denen eine Bodenbehandlung in unterschiedlichen Verfahren (biologisch, chemisch-physikalisch, thermisch) möglich ist.

Altlastenfall „Chemische Fabrik Marktredwitz"

Einen besonders schwerwiegenden Altlastenfall stellt das Gelände der 1985 auf Anordnung der Behörden geschlossenen Chemischen Fabrik Marktredwitz (CFM) dar. In dieser ältesten chemischen Fabrik Deutschlands wurden im Stadtzentrum von Marktredwitz fast 200 Jahre lang quecksilberhaltige Produkte hergestellt. Untersuchungen ergaben sowohl in den Gebäuden als auch in Boden und Grundwasser erhebliche Kontaminationen durch Quecksilber.

Nach dem inzwischen erfolgten Abbruch der Fabrikgebäude wird hochbelastetes Material vor der Ablagerung in einer speziellen Reinigungsanlage am Stadtrand von Marktredwitz gereinigt, die eine Kombination aus Bodenwäsche (Naßklassierung) und thermischer Stufe (Vakuumdestillation für

Bodensanierung auf dem Gelände der ehemaligen Chemischen Fabrik Marktredwitz

die Behandlung der Feinanteile) darstellt. Diese Anlage, die im Sommer 1993 in Betrieb genommen wurde, ist weltweit die erste großtechnische Anlage zur Behandlung quecksilberhaltiger Böden.

Das gereinigte sowie sonstiges schwachkontaminiertes Material wird in einer ebenfalls für den Sanierungsfall CFM errichteten Monodeponie neben der Behandlungsanlage abgelagert.

Bis zum Abschluß der Sanierungsmaßnahme, der für 1995 vorgesehen ist, entstehen Kosten von ca. 150 Mio. DM. Wegen des Konkurses des Unternehmens hat der Staat und somit der Steuerzahler die Kosten zu tragen.

4.   Sonderabfallentsorgung

Sonderabfälle sind besonders überwachungsbedürftige Abfälle aus Industrie und Gewerbe (z.B. schwermetallhaltige oder organisch belastete Schlämme) sowie getrennt gesammelte Problemabfälle aus Haushalten (z.B. Lacke und Chemikalien). Mit derzeit rund 550.000 t pro Jahr machen die Sonderabfälle zwar nur einen kleinen Teil der Abfallgesamtmenge in Bayern aus, doch sind an die Entsorgung dieser Abfälle wegen ihrer Beschaffenheit hohe Anforderungen zu stellen. Die notwendigen, dem Stand der Technik entsprechenden Standards zur Sonderabfallentsorgung sind in der TA Abfall festgelegt. Der Entsorgungsweg der Sonderabfälle wird mit Hilfe von Entsorgungsnachweisen und Begleitscheinen gemäß der Abfall- und Reststoffüberwachungsverordnung kontrolliert.

Bayern hat die besondere Bedeutung einer sicheren und umweltverträglichen Entsorgung von Sonderabfällen frühzeitig erkannt. Mit der Gründung des Zweckverbands Sondermüll-Entsorgung Mittelfranken (ZVSMM) 1966 und der Gesellschaft zur Entsorgung von Sondermüll in Bayern (GSB) 1970 als Träger der Sonderabfallentsorgung hat der Freistaat Bayern ein Modell geschaffen, das über Deutschland hinaus Beachtung gefunden und in vielfältiger Weise als Vorbild gedient hat. Im Teilplan Sondermüll ist die Sonderabfallentsorgung in Bayern verbindlich geregelt.

Struktur und technische Ausstattung der integrierten Entsorgungsanlagen in Bayern sichern die Entsorgung der Sonderabfälle in den eigenen Landesgrenzen. Aus Bayern ist – im Unterschied zu anderen Bundesländern – bis heute kein Sonderabfall zur Beseitigung ins Ausland exportiert worden. Der bayerischen Wirtschaft wird eine Entsorgungssicherheit bei angemessenen Kosten geboten, wie sie ansonsten in Deutschland nicht anzutreffen ist. Der erreichte Standard bei den angewandten Entsorgungstechniken stellt zugleich ein Höchstmaß an praktiziertem Umweltschutz sicher.

GSB und ZVSMM verfügen mit ihren drei Verbrennungsanlagen, zwei chemisch-physikalischen Behandlungsanlagen mit nachgeschalteten biologischen Behandlungsanlagen, zwei Deponien und neun Sammelstellen über sämtliche klassische Entsorgungstechniken. Sie werden ständig dem Stand der Technik angepaßt und zählen zu den modernsten der Welt. Betriebseigene Entsorgungsanlagen der bayerischen Industrie für deren Eigenbedarf ergänzen diese öffentlich zugänglichen Anlagen. Für oberirdische Ablagerung unge- eignete Abfälle werden in die Untertagedeponie Herfa-Neu- rode nach Hessen verbracht, da die geologischen Voraus- setzungen für eine Untertagedeponie in Bayern ungünstig sind. Im Gegenzug übernimmt Bayern hessische Sonderab- fälle zur oberirdischen Deponierung.

Aufwendige Technik zur umweltgerechten Entsorgung von Sonderabfällen bei der GSB

Die Sonderabfälle in Bayern verzeichnen seit einigen Jahren rückläufige Tendenz. Gestiegen ist allerdings der Anteil der thermisch zu behandelnden Sonderabfälle, weil die TA Ab- fall mehr Abfallarten als früher diesem Entsorgungsweg zu- weist und die Sammlung von Problemabfällen aus Haushal- ten ständig intensiviert wurde. Aus Vorsorgegründen wird deshalb mit der im Bau befindlichen neuen Verbrennungs- anlage der GSB in Ebenhausen voraussichtlich ab 1995 die Verbrennungskapazität für Sonderabfälle maßvoll erweitert.

Der Rückgang der Sonderabfallmenge ist ein deutliches Zei- chen für den Erfolg von Vermeidungs- und Verwertungsbemühungen. Großen Anteil daran hat die Beratung der Sonderabfallerzeuger durch GSB, ZVSMM und dessen Forschungs- und Entwicklungszentrum Sondermüll (FES). Die Durchsetzung der Verwertungsziele gewährleistet auch das Landesamt für Umweltschutz im Rahmen der zentralen Prüfung aller Entsorgungsnachweise.

5. Klärschlamm

In den kommunalen Kläranlagen Bayerns fielen 1991 6,3 Mio m3 Klärschlamm mit einer Trockenmasse von rd. 313.000 t an. Davon wurden 46% landwirtschaftlich verwertet, 42% deponiert und 12% thermisch behandelt. Auf der Grundlage der Klärschlammverordnung, die u.a. die regelmäßige Untersuchung der Schwermetallgehalte im Klärschlamm und im Boden vorsieht, konnte die Verwertung in der Landwirtschaft sichergestellt werden. Verstärkte Kontrollen von Abwassereinleitungen in das öffentliche Kanalnetz haben bei den Schwermetallen Chrom, Cadmium und Blei im Klärschlamm zu Verbesserungen geführt.

Die Novelle der Klärschlammverordnung aus dem Jahr 1992 schreibt nunmehr auch Grenzwerte für organische Schadstoffe im Klärschlamm (z.B. für Dioxine und Furane) vor. Die Verbesserung der Kontrollmodalitäten beim Lieferscheinverfahren stellt auch bei landkreisübergreifenden Transporten die ordnungsgemäße landwirtschaftliche Klärschlammverwertung sicher. Die Ausbringung von Klärschlamm auf Dauergrünland ist nunmehr verboten. Die Verwertung in der Landwirtschaft bleibt aber im ländlichen Raum und außerhalb des Grünlandgürtels ein sinnvoller und unverzichtbarer Entsorgungsweg

Wegen der Anforderungen der Technischen Anleitung Siedlungsabfall wird es künftig nicht mehr zulässig sein, thermisch unbehandelten Klärschlamm zu deponieren. Die Landesämter für Umweltschutz und für Wasserwirtschaft haben deshalb ein Entsorgungskonzept als Entscheidungshilfe für die entsorgungspflichtigen Gebietskörperschaften entwickelt. Bei der Klärschlammentsorgung wird es zunächst auf eine bessere Entwässerung bzw. auf eine Trocknung des Klärschlamms ankommen, die als Vorbehandlungstechniken für die thermische Behandlung und nachfolgende Deponierung der Rückstände anzusehen sind. Außerdem ist entscheidend, die Klärschlammverbrennung in gesonderten Verbrennungsanlagen und soweit möglich auch in thermischen Abfallbehandlungsanlagen voranzubringen.

Ziel wasserwirtschaftlicher Bemühen ist es in diesem Zusammenhang, Schadstoffeinträge bereits an der Quelle zu minimieren. Verschärfte Entwässerungssatzungen, interne Rückhaltemaßnahmen bei Industrie und Gewerbe, der Vollzug der „Verordnung über die Genehmigungspflicht für das Einleiten gewässergefährdender Stoffe in Sammelkanalisationen und ihre Überwachung", die Verschärfung der Verwaltungsvorschriften nach §7a Wasserhaushaltsgesetz und ihre Anwendung auf indirekt einleitende Betriebe sowie das umweltbewußte Verhalten vieler Haushalte können eine deutliche Verminderung von Schadstoffen im Abwasser und damit im Klärschlamm bewirken.

6. Abfallforschung

Mit Blick auf die zukünftigen Problemstellungen im Bereich der Vermeidung, Verwertung, Behandlung und Ablagerung

Die fünf Säulen der bayerischen Abfallforschung

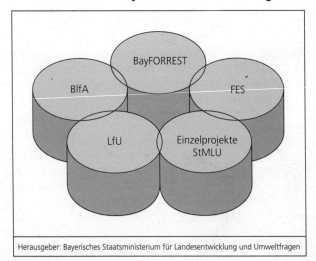

Herausgeber: Bayerisches Staatsministerium für Landesentwicklung und Umweltfragen

von Abfällen hat der Bayerische Ministerrat im Jahr 1990 ein umfangreiches Forschungskonzept beschlossen. Die Forschungstätigkeit soll sich insbesondere zum Ziel setzen,

- Innovationen zur Vermeidung und Verwertung sowie zur Behandlung und Ablagerung von Abfällen zu schaffen,
- die Überwachung und Kontrolle von Abfallentsorgungsanlagen zu verbessern,
- die Emissionen von Entsorgungsanlagen weiter abzusenken und ihre Wirkung zu untersuchen,
- die wissenschaftliche Ausbildung qualifizierten Personals zu ergänzen.

Ein fünfteiliges, aufeinander abgestimmtes Maßnahmenbündel, bei dem das Bayerische Umweltministerium die Aufgabe der fachtechnischen Koordination und weitgehende finanzielle Unterstützung übernommen hat, soll die angestrebten Fortschritte bewirken. Es besteht aus

- grundlagenorientierten Untersuchungsvorhaben durch den Ende 1990 gegründeten „Bayerischen Forschungsverbund Abfallforschung und Reststoffverwertung (BayFORREST)" der bayerischen Hochschulen, gegebenenfalls im Verbund mit der interessierten Wirtschaft,
- der praxisnahen Umsetzung von Ergebnissen aus dem Grundlagenbereich und anwendungsorientierten Untersuchungen durch das im Juni 1991 in Augsburg gegründete „Bayerische Institut für Abfallforschung" (BIfA),
- der Berücksichtigung vollzugsnaher Aufgaben durch ein abfalltechnisches Untersuchungszentrum des Bayerischen Landesamtes für Umweltschutz im Verbund mit dem BIfA,
- der Anwendungsforschung im Bereich der Sonderabfallentsorgung am „Forschungs- und Entwicklungszentrum Sondermüll" (FES) in Schwabach,
- der Vergabe von speziellen Untersuchungsvorhaben an von der öffentlichen Hand getragenen Institutionen, Umweltorganisationen und die gewerbliche Wirtschaft durch das Bayerische Umweltministerium.

Die Bayerische Staatsregierung wird zur Verwirklichung des neuen Forschungskonzepts im Durchschnitt der nächsten Jahre rd. 28 Mio. DM jährlich bereitstellen.

7. Abfallwirtschaftliche Planung

Der Abfallentsorgungsplan Bayern wird sich aus einem übergeordneten Zielteil und verschiedenen Fachplänen für die wichtigsten Abfallarten (Siedlungsabfälle und Sonderabfälle) zusammensetzen. Im Teil Übergeordnete Ziele werden die langfristig gültigen Ziele und Leitsätze der Abfallwirtschaft in Bayern enthalten sein. Auf der Grundlage des übergeordneten Zielteils werden als nächste Schritte für die einzelnen Abfallarten spezifische Teilpläne aufgestellt. Die Entsorgungsplanung soll gezielt in Räumen eingesetzt werden, in denen Entsorgungsengpässe bereits bestehen oder in absehbarer Zeit zu erwarten sind. Die Daten der Abfallbilanzen und der Entsorgungsvorsorgenachweise bilden die Grundlage für den Abfallentsorgungsplan.

C 5 Energie und Umwelt

1. Problemstellung

Die Energieversorgung umweltverträglich zu sichern, ist ein zentrales Anliegen bayerischer Umweltpolitik. Um den Energiebedarf insgesamt – vor allem aber den Verbrauch fossiler Energieträger – so gering wie möglich zu halten, ist besonders auf Energieeinsparung und rationellen Einsatz von Energie zu achten. Außerdem soll der Anteil erneuerbarer Energien deutlich erhöht werden. Dies gilt insbesondere im Hinblick auf die Kohlendioxidproblematik.

Heute gewinnen wir die benötigte Energie noch weitgehend – zu über 70% – aus fossilen und damit nur begrenzt zur Verfügung stehenden Energieträgern. Nur rd. 7% des Primärenergiebedarfs decken erneuerbare Energieträger. Die Wasserkraft hat daran einen Anteil von rd. 90%, die Biomasse von rd. 10%. Die Direktnutzung der Sonnenenergie spielt demgegenüber bisher eine untergeordnete Rolle, obwohl gerade in Bayern bereits wesentliche Pionierleistungen bei der Nutzung dieser Energieform erbracht wurden.

Der Zielsetzung der Bundesregierung entsprechend sollen die Kohlendioxid-Emissionen bis zum Jahr 2005 um minde-

Inversionswetterlage

stens 25%, bezogen auf das Jahr 1987, gesenkt werden. Etwa zwei Drittel der angestrebten Verringerung lassen sich durch Energieeinsparung und rationelle Energienutzung im weitesten Sinne erreichen.

In der Energiepolitik ziehen sich Fronten durch die Gesellschaft. Angesichts einer möglichen Klimakatastrophe ist ein tragfähiger Grundkonsens aber außerordentlich wichtig. Die parteiübergreifenden sogenannten Energiekonsensgespräche sind 1993 jedoch leider gescheitert.

In einem Konsens muß auch die friedliche Nutzung der Kernenergie ihren Platz haben. Sie ist auf absehbare Zeit unverzichtbar und aufgrund der erreichten Sicherheit bei uns auch verantwortbar. Dabei hat Sicherheit selbstverständlich absoluten Vorrang vor Wirtschaftlichkeit. Darüber hinaus muß jede neue Erkenntnis genutzt werden, um die Sicherheit der Anlagen ständig zu verbessern und das Restrisiko so klein wie möglich zu machen.

Wer nicht für den alsbaldigen Ausstieg aus der Kernenergie ist, muß aber nicht gegen die Suche nach neuen Energieträgern sein. Deshalb wird das Bayerische Umweltministerium aktuelle Entwicklungen, die zu einer umweltfreundlichen Energieversorgung auf der Basis erneuerbarer Energien beitragen können, im Rahmen seiner Möglichkeiten mit Nachdruck fördern.

2. Ziele und Maßnahmen

In Bayern ist die Stromerzeugung seit 1976 um ca. 80% gestiegen, die damit verbundene Belastung der Luft durch Schwefeldioxid jedoch um 95%, die durch Stickstoffoxide um 75% gesunken. Aber auch hier ist die Entwicklung noch lange nicht abgeschlossen. Neue Kraftwerkstechnologien, die Gas- und Dampfprozesse vereinen, können den Energiegehalt der eingesetzten Rohstoffe bedeutend besser ausnutzen. Wirkungsgradsteigerungen von 38% auf rd. 50% werden schon heute verwirklicht.

2.1 Erneuerbare Energien

Die verstärkte Nutzung erneuerbarer Energiequellen ermöglicht weitere CO_2-Minderungen. Technisch ist dies problemlos möglich. Die energiewirtschaftlichen Startbedingungen sind jedoch noch verhältnismäßig ungünstig. Der Anschaffungspreis erneuerbarer Energieträgersysteme ist z.T. beträchtlich und meist deutlich höher als der konkurrierender fossiler Energieträger. Die Einführung von Mindestvergütungen im Rahmen des Stromeinspeisungsgesetzes schafft nur bedingt einen Ausgleich.

2.2 Kernenergie

In Bayern sind fünf Kernkraftwerksblöcke mit einer elektrischen Bruttoleistung von rd. 6.500 Megawatt (MW) in Betrieb: die Kernkraftwerke Isar 1 (KKI 1, 907 MW) und Isar 2 (KKI 2, 1.400 MW) im Landkreis Landshut, Grafenrheinfeld (KKG, 1.350 MW) im Landkreis Schweinfurt und Gundremmingen II (KRB II) mit zwei Reaktoren, den Blöcken B (1.300 MW) und C (1.308 MW), im Landkreis Günzburg. Sie liefern rd. zwei Drittel des in Bayern von Unternehmen der öffentlichen Elektrizitätsversorgung erzeugten Stroms.

Kernkraftwerke Isar I und Isar 2 östlich Landshut

Auswirkungen der friedlichen Nutzung der Kernenergie auf die Umwelt

Der Betrieb von Kernkraftwerken hat für den Umweltschutz in Bayern, insbesondere für die Luftreinhaltung und die Vorsorge gegen nachteilige Klimaveränderungen, erhebliche Bedeutung.

Kernkraftwerke emittieren praktisch keine konventionellen Schadstoffe und keine giftige Bestandteile enthaltenden Stäube. Im Vergleich zu einem 1.300 MW-Kernkraftwerk gibt dagegen ein mit Steinkohle befeuertes und mit modernsten Rückhalteeinrichtungen ausgestattetes Kraftwerk bei gleicher Stromerzeugung pro Jahr neben den unvermeidbar vorhandenen natürlichen radioaktiven Stoffen zusätzlich rund 3.500 t Schwefeldioxid (SO_2), 5.500 t Stickstoffoxide (NOx) sowie rund 300 t schwermetallhaltige Stäube in die Atmosphäre ab.

Durch bayerische Kernkraftwerke vermiedene CO_2- und SO_2-Emissionen

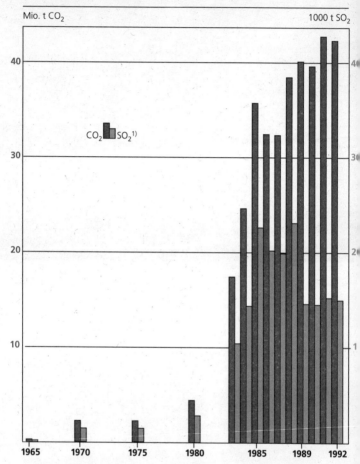

Mio. t CO_2 1000 t SO_2

[1] Ab 1989 für die Erzeugung von 10 TWh (= 10 Mrd. KWh) Strom durch Steinkohlekraftwerk Emissionen von 3500 t SO_2 (vorher 6000) zugrunde gelegt

Herausgeber: Bayerisches Staatsministerium für Landesentwicklung und Umweltfragen

Hätte der in Bayern 1992 aus Kernenergie erzeugte Strom in Kohlekraftwerken gewonnen werden müssen, so wären selbst bei modernsten Anlagen etwa 15.500 t SO_2 zusätzlich in die Atmosphäre freigesetzt worden. Dies entspräche einem Anstieg der SO_2-Emissionen aus dem Kraftwerksbereich um etwa 86%, d.h. die heutigen Emissionen würden sich in diesem Sektor nahezu verdoppeln.

Kernkraftwerke geben im Gegensatz zu anderen Wärmekraftwerken, in denen unvermeidlich bei der Verbrennung fossiler Brennstoffe (Kohle, Öl oder Gas) Kohlendioxid (CO_2) entsteht, auch kein CO_2 in die Atmosphäre ab. Moderne Kohlekraftwerke mit einer einem modernen Kernkraftwerk von 1.300 MW vergleichbaren elektrischen Jahresleistung emittieren zusätzlich zu den genannten Schadstoffen noch annähernd 10 Mio. t CO_2 pro Jahr. Bei Ersatz des Kernenergiestroms durch Kohlestroms würden sich in Bayern die durch Kraftwerke, Industrie, Haushalt und Verkehr verursachten CO_2-Gesamtabgaben um rund 50% erhöhen.

Atomrechtliche Aufsicht

Zur Erhaltung eines hohen Sicherheitsstandards bei kerntechnischen Anlagen und der sonstigen Verwendung von Kernbrennstoffen trägt eine wirksame staatliche Aufsicht wesentlich bei. In Bayern führt das Staatsministerium für Landesentwicklung und Umweltfragen im Auftrag des Bundes die atomrechtliche Aufsicht über die in Betrieb befindlichen kerntechnischen Anlagen (5 Kernkraftwerksblöcke, eine Brennelementfabrik, ein Forschungsreaktor), über die Betriebsstätten für die Verwendung von Kernbrennstoffen sowie über stillgelegte bzw. im Abbau befindliche Kernkraftwerke und Forschungsreaktoren durch.

Schwerpunkt der Aufsichtätigkeit ist die ständige Überwachung der fünf in Betrieb befindlichen Kernkraftwerksblöcke. Der Betrieb dieser Anlagen war stets durch hohe Zuverlässigkeit gekennzeichnet.

Besonderes Augenmerk gilt der Überwachung der beim Betrieb der Kernkraftwerke unvermeidbaren Abgabe von geringen Mengen radioaktiver Stoffe mit der Fortluft und dem Abwasser. Dazu wird auch das in Bayern weltweit erstmals installierte automatische Kernreaktor-Fernüberwachungssystem rund um die Uhr eingesetzt. In allen bayerischen

Mehrstufenkonzept für die sicherheitstechnische Auslegung von Kernkraftwerken

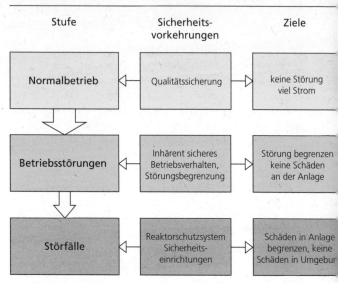

Stufe	Sicherheitsvorkehrungen	Ziele
Normalbetrieb	Qualitätssicherung	keine Störung viel Strom
Betriebsstörungen	Inhärent sicheres Betriebsverhalten, Störungsbegrenzung	Störung begrenzen keine Schäden an der Anlage
Störfälle	Reaktorschutzsystem Sicherheitseinrichtungen	Schäden in Anlage begrenzen, keine Schäden in Umgebur

Herausgeber: Bayerisches Staatsministerium für Landesentwicklung und Umweltfragen

Kernkraftwerken wurden die genehmigten höchstzulässigen Emissionsmengen nur zu einem Bruchteil ausgeschöpft.

Die Umgebung der Kernkraftwerke wird laufend auf radioaktive Immissionen überwacht. Dazu werden sowohl von den Kraftwerksbetreibern als auch von unabhängigen Institutionen aufwendige Meßprogramme durchgeführt. Bei der Auswertung durch die Aufsichtsbehörde ergaben sich bisher an keinem Standort Auffälligkeiten.

Besondere Vorkommnisse müssen von den Anlagenbetreibern entsprechend den gesetzlich vorgeschriebenen bundeseinheitlichen Kriterien der Aufsichtsbehörde gemeldet werden. Dazu zählen auch vergleichsweise geringfügige Störungen ohne Auswirkungen auf die Umgebung.

Seit 1991 werden meldepflichtige Vorkommnisse auch nach der internationalen Bewertungsskala (INES) beurteilt. Eingehende Untersuchungen, die zu jedem Ereignis z.T. unter Einschaltung von externen Sachverständigen durchgeführt werden, ergaben, daß bei keinem der gemeldeten Vorkommnisse eine Gefahr für das Kraftwerkspersonal oder die Umgebung der Anlage bestand. Nach INES wurden alle Vorkommnisse mit „0, unterhalb der Skala", d.h. ohne sicherheitstechnische Bedeutung, bewertet.

Entsorgung

Zur Entsorgung der Kernkraftwerke und anderer kerntechnischer Anlagen sind nach dem „Integrierten Entsorgungskonzept" der Bundesregierung folgende Entsorgungs-Teilschritte vorgesehen:

- Zwischenlagerung der abgebrannten Brennelemente in oder außerhalb von Kernkraftwerken,
- Wiederaufarbeitung der abgebrannten Brennelemente,
- Verarbeitung der verwertbaren Kernbrennstoffe zu neuen Brennelementen,
- Konditionierung der radioaktiven Abfälle, d.h. Überführung in eine endlagerfähige und langzeitsichere Form,
- Endlagerung der radioaktiven Abfälle in geologische Formationen der norddeutschen Tiefebene.

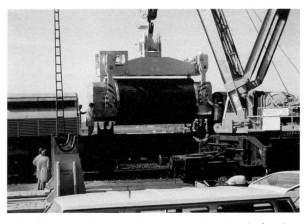

Abtransport bestrahlter Brennelemente aus einem Kernkraftwerk

Nach dem gegenwärtigen Stand von Wissenschaft und Technik können diese Teilschritte unter Wahrung aller Sicherheitsanforderungen und unter Berücksichtigung der ökologischen und ökonomischen Erfordernisse verwirklicht werden. Die bestrahlten Brennelemente aus deutschen Kernkraftwerken mit Leichtwasserreaktoren werden derzeit überwiegend in anderen Staaten der Europäischen Gemeinschaft wiederaufgearbeitet. So bestehen seit den 70er Jahren Wiederaufarbeitungsverträge mit französischen (COGEMA) und britischen (BNFL) Firmen. Die Endlagerprojekte „Konrad" und „Gorleben" werden nach Einschätzung des hierfür verantwortlichen Bundes zeit- und bedarfsgerecht zur Verfügung stehen. In dem schon vor der Wiedervereinigung in Sachsen-Anhalt betriebenen Endlager „Morsleben" (ERAM) können weiterhin schwachradioaktive Abfälle eingelagert werden.

Mit den Kompaktlagern in den Kernkraftwerken Isar 1, Isar 2, Grafenrheinfeld und Gundremmingen II steht in den bayerischen Kernkraftwerken eine ausreichende Zwischenlagerkapazität für bestrahlte Brennelemente zur Verfügung. Für die bayerischen Kernkraftwerke ist damit unter Einbeziehung der bestehenden Verträge zur Wiederaufarbeitung im Ausland der geforderte sichere Verbleib der in Bayern anfallenden bestrahlten Brennelemente gewährleistet.

Um die geordnete Beseitigung der beim Umgang mit radioaktiven Stoffen in Medizin, Forschung und Industrie anfallenden schwach- und mittelradioaktiven Abfälle sicherzustellen, sind die Länder zur Errichtung von Landessammelstellen verpflichtet. Bayern betreibt zur Annahme, Behandlung und Zwischenlagerung derartiger Abfälle

– in Mitterteich seit Frühjahr 1987 eine Landessammelstelle mit ausreichender Lagerkapazität und einer Annahmestelle für Nordbayern in enger räumlicher Verbindung mit einer Sammelstelle für schwach- und mittelradioaktive Abfälle aus bayerischen kerntechnischen Anlagen,

– in Neuherberg bei München seit 1988 eine Annahmestelle für schwach- und mittelradioaktive Abfälle mit kurzfristiger Zwischenlagermöglichkeit.

Abbau von Kernkraftwerken

Im Rahmen des atomrechtlichen Genehmigungsverfahrens wird den Inhabern von Kernkraftwerken auferlegt, dafür zu sorgen, daß die Anlagen nach ihrer Stillegung beseitigt werden können. In Bayern befinden sich derzeit das Kernkraftwerk Niederaichbach (KKN), das 250 MW-Demonstrationskernkraftwerk Gundremmingen A (KRB A) sowie das 16 MW-Versuchsatomkraftwerk Kahl (VAK) in der Stillegungs- bzw. Abbauphase; der 1983 stillgelegte Heißdampfreaktor (HDR) in Karlstein soll ebenfalls abgebaut werden.

Im Juni 1986 erteilte das Staatsministerium für Landesentwicklung und Umweltfragen mit der Abbaugenehmigung für das Kernkraftwerk Niederaichbach weltweit erstmals eine atomrechtliche Genehmigung zum vollständigen Abbau eines Kernkraftwerks dieser Größenordnung. Im Rahmen dieses Verfahrens wurde der Nachweis erbracht, daß die vollständige und für Personen und die Umwelt unschädliche Beseitigung eines ausgedienten Kernkraftwerks möglich ist. Seit Ende 1993 sind alle radioaktiven Stoffe des Kernkraftwerks abgebaut und entsorgt. Mit der endgültigen Aufhebung der atomrechtlichen Beschränkungen und Überwachungsmaßnahmen ist bis Ende 1994 zu rechnen.

C 6 Auto und Umwelt

1. Problemstellung

Mobilität gehört als ein elementares Grundbedürfnis zur persönlichen und gesellschaftlichen Freiheit. Das technische Niveau, auf dem die Mobilität sichergestellt wird, belegt die wissenschaftlichen, wirtschaftlichen, gestalterischen und organisatorischen Fertigkeiten der jeweiligen Gesellschaft. Das grundsätzlich positive Verhältnis unserer Gesellschaft zu Mobilität und technischem Fortschritt findet im Auto in ganz besonderer Weise Ausdruck. Rund 39 Mio. Pkw und Kombis sind gegenwärtig in Deutschland zugelassen. Autos erbrachten 1992 im Personenverkehr 82% der Verkehrsleistungen. Im Güterverkehr stand mit 62% Anteil der LKW

Hohe Verkehrsdichte – eine Quelle erheblicher Umweltbelastung

an der Spitze der Verkehrsträger. Der Bestand an Kraftfahrzeugen ist in den letzten Jahren ständig gestiegen.

Die politischen Veränderungen in Europa haben auf die Entwicklung von Umwelt und Verkehr wesentlichen Einfluß. Die Öffnung der Grenzen nach dem Osten hat bereits einen enormen Verkehrsfluß hervorgerufen. Die Vollendung des Binnenmarktes und die Errichtung des gemeinsamen europäischen Wirtschaftsraumes werden auch den Nord-Süd-Verkehr deutlich verstärken. Damit wird Deutschland zu einer Drehscheibe im Verkehr in Europa.

Die vom Bundesminister für Verkehr für den Bundesverkehrswegeplan verwendeten Verkehrsprognosen gehen von einer wachsenden Verkehrsnachfrage und damit von steigenden Verkehrsleistungen bis zum Jahr 2010 aus. Der Vergleich der Entwicklung zwischen 1991 und 2010 macht deutlich, daß ein stärkerer Zuwachs bei der Bahn erwartet wird. Dennoch wird mit einem Anstieg von gegenwärtig rd. 39 Mio auf über 45 Mio. PKW bis zum Jahr 2010 gerechnet.

Für Bayern ist nach der Ifo-Studie „Verkehrsprognose Bayern 2005" gegenüber 1990 mit einer Zunahme von

- 20% im motorisierten Individualverkehr (Pkw),
- 59% im Straßengüterverkehr und
- 19% beim Pkw-Bestand zu rechnen.

Der Straßenverkehr beeinflußt in vielfältiger Weise die Umwelt. Abgase und Lärm beeinträchtigen das menschliche Wohlbefinden. Der Energie- und Materialverbrauch geht zu Lasten der Ressourcen. Straßenbauten bilden Eingriffe in die Landschaft. Altautos stellen ein Entsorgungsproblem dar.

Im Mittelpunkt der Diskussion stehen die verkehrsbedingten Emissionen. Der Verkehr, insbesondere der Straßenverkehr, bildet die mit Abstand bedeutendste Quelle der Luftverunreinigungen und Lärmbelästigungen in der Bundesrepublik Deutschland.

Seit Ende der 80er Jahre wirkt sich die Einführung schadstoffreduzierter Pkw aus. Sie ist durch gestiegene Verkehrsleistungen jedoch kompensiert worden, so daß die Gesamtemissionen des Bereichs Verkehr in etwa konstant geblieben sind.

2. Ziele und Maßnahmen

2.1 Verminderung verkehrsbedingter Umweltbelastungen

Alle neu zugelassenen Fahrzeuge mit Otto-Motor verfügen heute über den geregelten Drei-Wege-Katalysator; im Bestand sind es rd. 17 Mio. Fahrzeuge (rd. 43%).

Bayern befürwortet nachdrücklich weitere Maßnahmen zur Minderung verkehrsbedingter Emissionen. Es unterstützt den Bund insbesondere auch bei solchen Vorhaben, die EG-Einheitlichkeit bedingen. Insoweit ist es ein zentrales Anliegen, zur Schadstoffminderung der Kraftfahrzeugabgase in der europäischen Abgasgesetzgebung einen Dreistufenplan bis zur Jahrtausendwende durchzusetzen.

Die Staatsregierung sieht in verkehrlichen Maßnahmen zur Verminderung schädlicher Umweltbelastungen einen umweltpolitischen Schwerpunkt der nächsten Jahre. Die vom Straßenverkehr verursachten Probleme werden in Zukunft

Wirkungsweise eines Katalysators

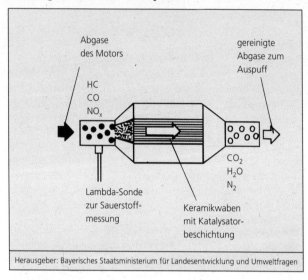

Abgase
des Motors

HC
CO
NO_x

gereinigte
Abgase zum
Auspuff

CO_2
H_2O
N_2

Lambda-Sonde
zur Sauerstoff-
messung

Keramikwaben
mit Katalysator-
beschichtung

Herausgeber: Bayerisches Staatsministerium für Landesentwicklung und Umweltfragen

eher noch zunehmen. Dennoch wäre es realitätsfern, an eine Zukunft ohne Auto und mit wesentlich geringerer Mobilität zu glauben. Vorrangige Aufgabe ist vielmehr, die notwendige Mobilität umweltgerecht sicherzustellen. Nach dem von der Staatsregierung 1992 beschlossenen Programm zur Neuorientierung der Verkehrspolitik müssen die Ziele

- Vermeidung von unnötigem Verkehr,
- Verkehrsverlagerung von stärker umweltbelastenden auf weniger umweltbelastende Verkehrsmittel,
- ressourcenschonende und umweltfreundliche Gestaltung des Verkehrs und der Verkehrsmittel sowie
- bestmögliche Vernetzung aller Verkehrssysteme und Rationalisierung des Verkehrsablaufs

wesentlich an Gewicht gewinnen.

Als besonders effizient im Sinne des Umweltschutzes erweist sich, den Kraftstoffverbrauch und die Abgasemissionen zu mindern. Eine Schwerpunktaufgabe bei der Fahrzeugentwicklung der 90er Jahre muß es sein, für dieselbe

Transportleistung deutlich weniger Kraftstoff zu verbrauchen. Bereits heute sind Fahrzeuge auf dem Markt, die bei Dieselantrieb um die 5 l/100 km, bei Ottomotor-Antrieb um die 6 l/100 km im Drittelmix verbrauchen. Diese Verbrauchswerte müssen, statt Ausnahme zu sein, zur Regel werden.

2.2 Alternative Antriebe

Alternative Antriebe mit Elektro-, Erdgas- oder Wasserstoffmotor werden in Zukunft wachsende Bedeutung erlangen. In lufthygienisch besonders belasteten Ballungsräumen und in besonders schutzwürdigen Kur- und Fremdenverkehrsorten unterstützt das Bayerische Umweltministerium schon jetzt im Rahmen zahlreicher Projekte den Einsatz von neuartigen Antrieben. Beispiele dafür sind:

Vom Umweltministerium finanzierte Elektrobusse – Pilotobjekt Berchtesgaden

- der Einsatz von Elektrobussen in Berchtesgaden, Oberstdorf, Bad Füssing, Bad Wörishofen und im Nationalpark Bayerischer Wald,
- der Einsatz von rd. 30 Elektro-Pkw in Augsburg, München, Nürnberg und Würzburg,
- der Einsatz von rd. 15 Elektro-Pkw bei staatlichen, kommunalen und caritativen Stellen,

- der geplante Einsatz eines Erdgasbusses im Nationalpark Bayerischer Wald und
- der geplante Einsatz eines Wasserstoff-Busses in Erlangen und München.

Diese technologischen Neuentwicklungen können die bisherige Fahrzeugtechnik nicht von heute auf morgen ersetzen. Eingebunden in ein zukunftsweisendes Verkehrskonzept mit optimaler Berücksichtigung der Mobilitätsanforderungen durch aufeinander abgestimmte Verkehrsträger sind die alternativen Antriebskonzepte aber eine wichtige Option bei der Neugestaltung des künftigen Verkehrswesens.

Das Kraftfahrzeug als Transportmittel ist auch in Zukunft unverzichtbar. Trotz aller Bemühungen um Verkehrsverminderungen, Verkehrsverlagerung und Einsatz bestmöglicher Technik werden auch in Zukunft Transporte von Menschen und Gütern mit dem Kraftfahrzeug zu verkehrsbedingten Umweltbelastungen, vor allem in den Städten, führen. Deshalb ist dafür Sorge zu tragen, daß die verkehrsbedingten Belastungen, insbesondere die Umwelt- und Gesundheitsbelastungen durch Abgase und Lärm, so rasch und so weit wie möglich verringert werden. Es geht darum, nicht nur den öffentlichen Nahverkehr im Rahmen des Möglichen zu verbessern, sondern auch nach weiteren organisatorischen und technischen Lösungen für den Individualverkehr zu suchen. Dazu gehören neue Antriebskonzepte und alternative Treibstoffe ebenso wie Verkehrsleitsysteme zur Optimierung des Verkehrsflusses. Auch müssen straßenbauliche Maßnahmen zur Verflüssigung, Abschirmung und umweltfreundlicheren Gestaltung des Verkehrs geprüft werden. Der Bau und der Ausbau von Umgehungs- und Ringstraßen ist hier ebenso in Betracht zu ziehen wie der Bau von Tunnelanlagen.

Die Umweltverträglichkeit des Automobilverkehrs bemißt sich nicht an den Schadstoff- und Lärmemissionen allein. In die Betrachtung miteinzubeziehen sind auch die umweltverträgliche Herstellung und Entsorgung der Fahrzeuge. Letztlich geht es darum, das Gesamtsystem Verkehr zu optimieren.

C 7 Freizeit und Umwelt

1. Problemstellung

Freizeit und naturbezogene Freizeitgestaltung haben für die Menschen einen hohen Stellenwert. Das Streben nach Gesunderhaltung und Ausgleich zu beruflichen Belastungen, nach aktiver Selbstverwirklichung und psychischer Bereicherung veranlaßt viele, einen beträchtlichen Teil ihrer Freizeit in der Natur zu verbringen. Sportliche Aktivitäten treten vermehrt an die Stelle des bloßen Aufenthalts. Betätigungen wie z.B. Klettern oder Golfspielen, die früher nur von wenigen ausgeübt wurden, werden immer beliebter. Mit immer aufwendigeren technischen Vorrichtungen werden klassische Sportarten wie etwa der Pistenskilauf ermöglicht. Neue Sportgeräte, z.B. Mountainbikes und Gleitschirme, und neue Sportarten wie Canyoning beanspruchen bisher weitgehend

Wandern abseits von Wegen – verstärkte Erosion durch Trittschäden

unzugänglich und unberührt gebliebene Bereiche der Natur. Dies geht zu Lasten der natürlichen Lebensgrundlagen. Verbrauch von Landschaft, Verunreinigung von Luft, Wasser und Boden sowie Schädigung der Pflanzen- und Tierwelt sind die Folge.

2. Ziele und Maßnahmen

2.1 Pfleglicher Umgang mit der Natur

Die Bayerische Verfassung legt in Art. 141 Abs. 3 ausdrücklich das Recht aller Bürger auf Genuß der Naturschönheiten und auf Erholung in der freien Natur fest. Die Erfahrung der jüngeren Vergangenheit hat gezeigt, daß eine uneingeschränkte Erholungsbetätigung erhebliche Beeinträchtigungen der Natur mit sich bringt. Deshalb wurde 1984 das Gebot aufgenommen, daß jedermann pfleglich mit der Natur umzugehen hat.

Die im Verhältnis von Natur und Freizeit möglichen Konfliktsituationen sind mit den geltenden Rechtsvorschriften sachgerecht lösbar. Wenn trotz des umfangreichen rechtlichen Instrumentariums (Betretungsverbote, Betretungsregeln, Ausweisung von Schutzgebieten, Verhaltensregeln etc.) dennoch z.T. nicht unerhebliche Beeinträchtigungen der Natur zu verzeichnen sind, dürften vor allem unzureichenden Kenntnis bzw. Mißachtung der rechtlichen Regelungen dafür die Ursache sein. Aber auch die Summenwirkung von Einzelwirkungen, die jede für sich gesehen vernachlässigbar ist, darf nicht unterschätzt werden.

Es ist nur begrenzt möglich, die Einhaltung der Rechtsvorschriften zum Schutz der Natur zu überwachen. Umso wichtiger ist es deshalb, soweit eine mittelbare Kanalisierung des Erholungsdrucks durch Angebote zu umweltverträglicher Freizeitausübung nicht ausreicht, die Bürger von der Notwendigkeit selbstverantwortlichen natur- und umweltverträglichen Verhaltens auch bei der Freizeitgestaltung zu überzeugen. Zu diesem Zweck gibt das Bayerische Umweltministerium Informationsbroschüren zu den Themen Skisport, Segeln, Surfen, Schwimmen und Baden, Wandern und Bergsteigen heraus. Außerdem arbeitet es intensiv mit Ver-

Naturschönheiten als Erholungsgebiete: Naturgenuß, aber auch
Gefährdung durch Erholungsdruck

bänden umweltrelevanter Sportarten zusammen mit dem
Ziel, zur Bewußtseinsbildung hinsichtlich der Umweltbelange
beizutragen.

2.2 Naturorientierte Planung

Über Programme und Pläne läßt sich die Zuordnung von Einrichtungen zur Freizeitgestaltung in Räume steuern, die aus

ökologischer Sicht hierfür geeignet sind. In den Regional-
plänen ist die Ausweisung landschaftlicher Vorbehaltsgebiete
möglich, in denen die Leistungsfähigkeit des Naturhaushalts
ebenso gesichert werden soll wie die Erholungseignung der
Landschaft. Auch in gemeindlichen Landschafts- und Grün-
ordnungsplänen können Flächen für die Erholungsnutzung
ausgewiesen sowie Aussagen dazu getroffen werden, welche Erholungsnutzungen für bestimmte Flächen in Frage
kommen bzw. auszuschließen sind.

2.3 Programm Freizeit und Erholung

Bereits seit 1970 besteht in Bayern das staatliche Programm
„Freizeit und Erholung", das die Errichtung von Freizeit- und
Erholungseinrichtungen fördert. Hierzu zählen Anlagen, die
eine naturbezogene „sanfte" Erholung ermöglichen, der
Allgemeinheit offenstehen und nicht gewinnorientiert betrieben werden (z.B. Wander- und Radwanderwege, Frei-
badeanlagen, naturnahe Grünanlagen und Kleingartenan-
lagen). Kein anderes Bundesland verfügt über ein von Inhalt
und Zielsetzung her vergleichbares Programm.

Die Bereitstellung von Freizeiteinrichtungen in dafür geeigneten Gebieten soll den Druck der Erholungssuchenden auf
überlastete oder besonders empfindliche Landesteile vermin-

Aus Mitteln des Programms Freizeit und Erholung gefördertes
Badegelände

Freizeit und Erholung – Projekte 1971–1993 (Stand 15.9.1993)

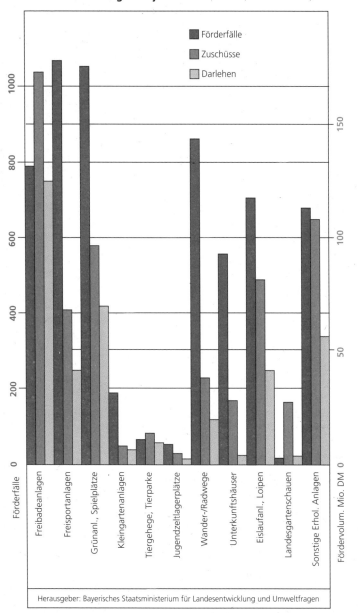

Herausgeber: Bayerisches Staatsministerium für Landesentwicklung und Umweltfragen

dert. Der wohnumfeldnahen Erholung kommt daher immer größere Bedeutung zu. Innerörtliche Erholungseinrichtungen sowie Grün- und Freiflächen im Siedlungsraum vermindern den umweltbelastenden Kraftfahrzeugverkehr und verbessern neben den Freizeitmöglichkeiten für die Bevölkerung auch das Stadtklima und die Lebensbedingungen für die Tier- und Pflanzenwelt. Die als Ziel der Landesentwicklung ausgewiesene landesweit flächendeckende und bedarfsgerechte Versorgung mit Erholungseinrichtungen stellt besonders in den strukturschwachen Landesteilen auch einen wichtigen Beitrag zur Schaffung gleichwertiger Lebensbedingungen dar.

Bisher hat das Bayerische Umweltministerium im Rahmen des Programms mehr als 6.000 Vorhaben mit Zuschüssen in Höhe von rd. 650 Mio. DM und zinsgünstigen Darlehen in Höhe von rd. 380 Mio. DM gefördert.

2.4 Landesgartenschauen

Erhebliche Bedeutung für die Information der Bevölkerung über Fragen des Umweltschutzes und der umweltgerechten Freizeitgestaltung haben in den letzten Jahren die Bayerischen Landesgartenschauen gewonnen. Sie finden alle zwei Jahre in einem anderen Regierungsbezirk statt. Für die mit der Ausrichtung betrauten Stadt ist damit nicht nur die Herstellung neuer attraktiver öffentlicher Grünanlagen, sondern auch die Verwirklichung einer Vielzahl weiterer städtebaulicher, ökologischer, sozialer und wirtschaftlicher Zielsetzungen verbunden.

2.5 Wettbewerbe

Der Förderung umweltverträglicher Freizeitgestaltung dienen auch die vom Staatsministerium für Landesentwicklung und Umweltfragen betreuten Wettbewerbe „Vorbildliche Campingplätze in der Landschaft", „Gärten im Städtebau", „Natur im Schulumfeld" und „Grün und Erholung in Stadt und Gemeinde".

Landesgartenschau Hof – attraktive innerstädtische Parkanlage
Theresienstein

D   Aktuelle Herausforderungen

D 1 Wirtschafts- und Standortfaktor Umweltschutz

1. Problemstellung

Die Sicherung des Wirtschaftsstandortes Bayern ist eine der größten aktuellen politischen Herausforderungen. In den kommenden Jahren bedarf es daher erheblicher Anstrengungen, um – neben der kurzfristigen Stärkung der Antriebskräfte – Bayern vor allem über die Jahrtausendwende hinaus gesamtwirtschaftlich auf Erfolgskurs zu halten. Deshalb müssen auch im Bereich des Umweltschutzes gesetzliche Regelungen sorgfältig auf ihre Notwendigkeit, Effizienz und Verhältnismäßigkeit sowie die Auswirkungen auf die Wettbewerbs- und Leistungsfähigkeit der Wirtschaft geprüft werden. Angesichts der großen Vorschriftendichte in Deutschland und sehr komlizierter Verwaltungsverfahren muß auch bei neuen Umweltschutzvorhaben das Ziel der Entbürokratisierung und Vereinfachung von Verwaltungsverfahren Vorrang haben; ausufernde Regelungen müssen vermieden werden. Die Wirtschaft muß vom Staat einen sicheren und verläßlichen Rahmen von Bestimmungen zum Schutz der Umwelt erhalten, der Raum für eigenverantwortliche Initiative zur Erreichung der Ziele läßt. Die Anforderungen an den Umweltschutz müssen soweit als möglich auf marktwirtschaftlicher Grundlage umgesetzt werden. Es wäre jedoch ein ökologischer, aber auch ein ökonomischer Fehler, wenn man aus Sorge um die Wettbewerbfähigkeit des Wirtschaftsstandorts Deutschland nun in den Anstrengungen um den Umweltschutz nachlassen würde. Der Standort Bundesrepublik verdankt seinen hohen Rang nicht nur der technischen Qualität seiner Produkte und der politischen und sozialen Stabilität seiner Gesellschaft, sondern vor allem auch seiner Umweltqualität. Für den Freistaat Bayern gilt dies in besonderem Maße. Bayerns günstige Entwicklung der letzten Jahrzehnte basierte im wesentlichen darauf, daß der Aufbau eines modernen Industrie- und Dienstleistungsstaats gelang, zugleich aber Intaktheit und Schönheit der bayerischen Natur bewahrt blieben.

2. Ziele und Maßnahmen

Durch die Sicherung der natürlichen Lebensgrundlagen werden nicht nur die Produktionsmöglichkeiten für die Zukunft erhalten und damit heute wesentliche Grundlagen für die Prosperität von Wirtschaft und Gesellschaft morgen gesichert. Umweltschutz hat sich vielmehr bereits in der Vergangenheit neben seiner Rolle als Kostenfaktor auch als wirtschaftliche Chance erwiesen. Und auch die Zukunftsaussichten für umweltfreundliche Produkte, Umwelttechnik und Umweltdienstleistungen sind allen Schätzungen zufolge groß.

2.1 Arbeitsplätze im Umweltschutz

Aktuelle Zahlen über die umweltschutzinduzierten Arbeitsplätze in Deutschland enthält die im Auftrag des Umweltbundesamts im Oktober 1993 vorgelegte DIW-Studie „Beschäftigungswirkungen des Umweltschutzes – Stand und Perspektiven":

Danach fanden Anfang der 90er Jahre im vereinigten Deutschland rd. 680.000 Menschen direkt und indirekt Beschäftigung durch den Umweltschutz (zum Vergleich: die Chemieindustrie hatte 1991 722.000 Beschäftigte). Die 680.000 Arbeitsplätze teilen sich wie folgt auf:

- ca. 547.000 in den alten Bundesländern (Stand 1990), davon
    * 206.000 unmittelbar im Umweltschutz,
    * 341.000 durch die Herstellung von Umweltschutzgütern,
- ca. 134.000 in den neuen Bundesländern (Stand 1991), davon
    * 28.000 unmittelbar im Umweltschutz,
    * 46.000 durch die Herstellung von Umweltschutzgütern,
    * 60.000 ABM.

Die Beschäftigungsperspektiven im Umweltschutz für das Jahr 2000 sehen wie folgt aus:

Umweltschutz – Wachstumsfaktor des deutschen Arbeitsmarktes

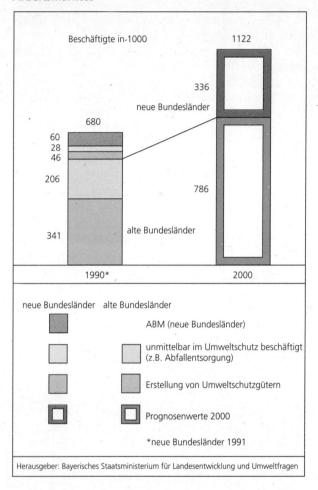

Herausgeber: Bayerisches Staatsministerium für Landesentwicklung und Umweltfragen

Nach den Schätzungen der DIW-Studie wird der Umweltschutz in Deutschland wahrscheinlich mindestens 1,1 Mio. Menschen Beschäftigung bieten; in den alten Bundesländern wird mit einem Arbeitsplatzzuwachs im Umweltschutz um 240.000 auf dann 786.000 gerechnet, in den neuen Bundesländern um 202.000 (ohne ABM) auf dann 336.000.

In den alten Bundesländern hängt somit zukünftig jeder 40., in den neuen Bundesländern sogar mehr als jeder 20. Arbeitsplatz vom Umweltschutz ab.

Auch die Berücksichtigung eventueller Arbeitsplatzverluste als Folge von Umweltschutzauflagen (maximal 55.000) ergibt nach den Schätzungen der Studie noch einen Nettozuwachs von 185.000 Arbeitsplätzen für die alten Bundesländer.

Gerade für Bayern ist zudem von Bedeutung, daß die Arbeitsplätze in wichtigen anderen Wirtschaftsbereichen von einer intakten Umwelt abhängig sind: Zu denken ist dabei z.B. an die 200.000 Arbeitsplätze im fremdenverkehrsrelevanten Gastgewerbe oder an die 350.000 in der Land- und Forstwirtschaft.

2.2 Eröffnung neuer Märkte

In Deutschland und in anderen westlichen Industrienationen hat sich mit dem wachsendem Wohlstand einerseits und den Erfahrungen der ökologischen Risiken der Wohlstandsgesellschaft andererseits ein hohes Umweltbewußtsein herausgebildet. Das gestiegene Umweltbewußtsein schlägt sich auch immer mehr in den Kaufentscheidungen der Konsumenten nieder. Das bestätigen zahlreiche Marktstudien.

Auch die öffentliche Hand richtet ihr Nachfrageverhalten immer stärker an Umweltgesichtspunkten aus. In allen Bundesländern bestehen Verpflichtungen, die den bayerischen „Umweltrichtlinien Öffentliches Auftragswesen" vergleichbar sind und wonach öffentliche Einrichtungen bei der Beschaffung von Gütern und Dienstleistungen umweltfreundlichen Lösungen so weit als möglich den Vorzug zu geben haben.

Die Palette umweltfreundlicher Produkte wird ständig breiter und ihr Marktangebot nimmt zu:

- Der BDI schätzt das jährliche Marktvolumen für Umweltschutzgüter und Dienstleistungen in Deutschland (West) 1990 auf rd. 40 Mrd. DM (davon nach Angaben des Umweltbundesamtes rd. 26 Mrd. DM Umweltschutzgüter).

Weltmarktanteil der führenden Exportländer für umweltrelevante Güter

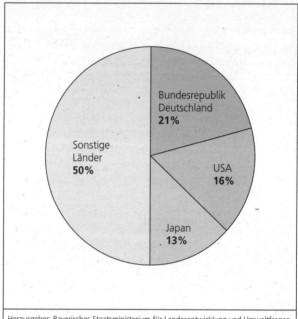

Herausgeber: Bayerisches Staatsministerium für Landesentwicklung und Umweltfragen

- Europaweit beträgt nach einer OECD-Schätzung für 1990 das Marktvolumen bereits mehr als 120 Mrd DM (davon rd. 93 Mrd. DM Westeuropa und rd. 17 Mrd. DM Osteuropa).
- Mit großen Zuwachsraten kann auch in Zukunft gerechnet werden. Der BDI erwartet auf dem Umweltmarkt Deutschland für die kommenden Jahre Wachstumsraten von 6–8%. Für das Jahr 2000 bedeutet dies ein Marktvolumen von rd. 70 Mrd. DM.
- Produkte mit dem „Blauen Umweltengel" (über 3800 in rd. 71 Produktgruppen; Stand: Anfang 1994) konnten Umsatzsteigerungen bis zu 40% erreichen.
- Für Deutschland kommt darüber hinaus zum Tragen, daß die Umweltschutzindustrie sehr exportorientiert ist. Deutschland ist mit 21% Weltmarktanteil und einem Ausfuhrwert von 35 Mrd. DM an „umweltschutzrelevanten Gütern"

Exportweltmeister (es folgen die USA mit 16% und Japan mit 13%).

– Auf dem Wachstumsmarkt „Umweltschutz" hat sich die Zahl der Anbieter von Umweltschutztechnik und Umweltdienstleistungen ständig erhöht. Ging man bei den ersten Marktuntersuchungen Anfang der 80er Jahre noch von knapp 1000 Firmen aus, so schätzt das Umweltbundesamt deren Zahl heute auf rd. 4000.

2.3 Kostenfaktor Umweltschutz

Es ist unbestreitbar, daß der Umweltschutz die deutsche Wirtschaft vor große Aufgaben gestellt hat, die nur mit starkem unternehmerischen Engagement und finanziellem Aufwand bewältigt werden konnten. Um einen zahlenmäßigen Eindruck zu geben: Im Produzierenden Gewerbe sind die jährlichen Ausgaben für Umweltschutz (Investitionen und laufende Ausgaben, ohne Abschreibungen und Entgelte für Dritte) von rd. 8 Mrd. DM im Jahr 1980 auf schätzungsweise 18,43 Mrd. DM im Jahr 1992 gestiegen (Schätzung des Statistischen Bundesamtes).

Nimmt man die Umweltschutzausgaben der öffentlichen Hand hinzu (Schätzung des Statistischen Bundesamtes für 1992: 22,22 Mrd. DM), so kommt man auf Umweltschutzausgaben in Deutschland von insgesamt rd. 41 Mrd. DM. Im internationalen Vergleich lag Deutschland mit einem Anteil der Umweltschutzausgaben von 1,74% am Brutto-Sozial-Produkt im Jahr 1991 auf einem Spitzenplatz.

Deutschland hat nach Österreich (1,94% Umweltschutzausgaben am Bruttosozialprodukt) die zweithöchsten relativen Umweltschutzausgaben aufzuweisen. Die Anteile in den wichtigsten Konkurrenzländern betragen: Niederlande 1,46%, USA 1,36%, Kanada 1,30%, Japan 1,02%; (alle Angaben für das Jahr 1991 nach Institut der Deutschen Wirtschaft).

Der Anteil der Umweltschutzinvestitionen an den Gesamtinvestitionen des Produzierenden Gewerbes liegt im Durchschnitt unter 10% (1990: 5,9%), wobei der Anteil von Branche zu Branche variiert: Die höchsten Werte finden sich in der NE-Metallerzeugung (16,9%) und in der Chemischen Industrie (14,9%), die niedrigsten Werte bei der Büromaschinenherstellung (0,7%) und im Luft- und Raumfahrzeugbau (0,8%).

Wenn man die laufenden Aufwendungen, Abschreibungen, Gebühren und Entgelte zugrundelegt, belaufen sich die Umweltschutzbelastungen gegenwärtig im Durchschnitt des Produzierenden Gewerbes auf ca. 1% des Bruttoproduktionswertes.

Moderne Papierfabrik – rationelle Erzeugung von Zeitungsdruckpapier mit über 85% Altpapiereinsatz

Insgesamt ist festzustellen, daß sich gesamtwirtschaftlich mit den heute verfügbaren Daten ein negativer Einfluß des Umweltschutzes auf Wachstum und Rentabilität nicht nachweisen läßt. Dies schließt jedoch nicht aus, daß ein solcher Zusammenhang auf der Ebene einzelner Branchen, Unternehmen oder Betriebe mit deutlich höheren Umweltaufwendungen gegeben ist. Bei der Fortentwicklung des Umweltschutzes müssen daher die Auswirkungen auf die Wettbewerbs- und Leistungsfähigkeit der Wirtschaft sorgfältig geprüft werden. Insbesondere ist eine internationale Abstimmung der Umweltpolitik wichtiger denn je.

2.4 Günstige Perspektiven

Das Bayerische Staatsministerium für Landesentwicklung und Umweltfragen wird als ältestes Umweltministerium Europas von Umweltschutzfachleuten aus aller Welt als kompetenter Gesprächspartner für sämtliche Fragen geschätzt, die Umweltschutztechnik und umweltverträgliche Technologien betreffen. Es hat diese Position oft genutzt, um der bayerischen Umwelttechnikindustrie bei der Herstellung von Geschäftsverbindungen zu ausländischen Kunden und bei der Öffnung internationaler Märkte zu helfen.

Für die Zukunft ist eine enorme Ausweitung des Marktes für Umweltschutzgüter zu erwarten: So rechnet die IFAT 93 von München – die größte Messe für Entsorgungstechnik der Welt – ihrem Schlußbericht zufolge damit, daß sich der europäische Markt für Umwelttechnik bis zum Jahre 2000 von rund 165 Mrd. DM auf 317 Mrd. DM nahezu verdoppeln wird. Experten gehen davon aus, daß allein im Abwassersektor in der Bundesrepublik innerhalb der nächsten 12–15 Jahre für Neu- und Erweiterungsbauten rund 250 Mrd. DM investiert werden müssen. Weitere Schwerpunkte künftiger Umwelttechnik mit hohem Investitionsbedarf bilden der Abfallbereich sowie die Wiederaufbereitung bzw. Rückgewinnung von Rohstoffen.

Die verheerenden Umweltschäden im ehemaligen Ostblock zählen dort zu den schwerwiegendsten Standortnachteilen.

Jahrzehntelange Versäumnisse im Umweltschutz rächen sich nun auch wirtschaftlich bitter. Dies gilt auch für die neuen Länder: Die erste ökologische Schadensbilanz des Umweltbundesamtes für das vereinigte Deutschland zeigt, daß im Osten die Umweltschäden das Bruttosozialprodukt mit fast 29% belasten (rund 70 Mrd. DM). Hier ist besonders darauf zu achten, daß der Aufbau bewußt umweltorientiert nach dem neuesten Stand der Technik gestaltet wird. Dann werden sich dabei optimale Zukunftschancen eröffnen, und zwar nicht nur technisch und ökologisch, sondern auch ökonomisch. Dies gilt natürlich genauso für die alten Bundesländer.

Traditionell arbeitet die Umweltpolitik mit ordnungsrechtlichen Instrumentarien. Für den erforderlichen umweltorientierten Auf- und Umbau wird dies allein nicht ausrei-
chen. Wirtschaftliche Instrumente werden in der künftigen
Umweltpolitik ordnungsrechtliche Regeln zunehmend ergänzen.

Ein Gutachten des Münchner Ifo-Instituts für Wirtschaftsforschung über „Umweltwirkungen des deutschen Steuer-
und Abgabensystems und Möglichkeiten sowie Grenzen
seiner stärkeren ökologischen Ausrichtung" hat ergeben, daß
es weder möglich noch empfehlenswert wäre, Umweltschutz
allein bzw. vornehmlich mit Steuern und Abgaben prakti-
zieren zu wollen. Nur im Zusammenspiel von ökonomischen
Anreizen mit dem ordnungsrechtlichen Umweltschutz sowie mit Maßnahmen auf freiwilliger Basis wie z.B. der Umweltberatung sind nachhaltige umweltpolitische Erfolge zu
erwarten.

Mit einer marktkonformen Umweltpolitik den Rahmen so
zu setzen, daß Ökonomie und Ökologie keine Gegensätze
sein müssen und die Freiheit des einzelnen – aber auch die
Verantwortung des einzelnen für sein Handeln – gewahrt
bleibt, ist eine der entscheidenden Aufgaben in den 90er
Jahren.

D 2 Klimaschutz

1. Problem Treibhauseffekt

Die Weltklimaproblematik sowie das sogenannte „Ozonloch"
über der Antarktis nehmen in der öffentlichen Umwelt-
diskussion breiten Raum ein. Die Zusammenhänge, um die
es dabei geht, sind allerdings äußerst komplex, deren Darstellung deshalb häufig stark vereinfacht. So ist hinsichtlich
der möglichen Zunahme des Treibhauseffekts auf der Erde
festzustellen, daß Spurengase wie Kohlendioxid und Was-
serdampf in der untersten Atmosphärenschicht – der Troposphäre – einen großen Teil der Wärmestrahlung von der Sonne absorbieren und zur Erdoberfläche zurückstreuen. Dieser

Zusammenhänge zwischen den drei Bedrohungen für die Atmosphäre

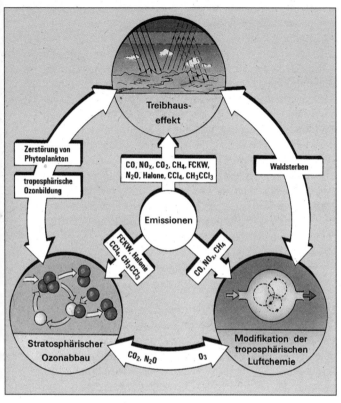

Quelle: Bundestags-Drucksache 11/3246, Abb. 6

natürliche Treibhauseffekt hält die Gleichgewichtstemperatur der Erdoberfläche auf dem derzeitigen Wert von rund + 15° konstant. Ohne diesen Effekt wäre die Erde weitgehend vereist und unbewohnbar. Ein natürlicher Kreislauf zwischen Atmosphäre, Ozeanen, Pflanzenwelt und Verwitterungsprozesse regelt wiederum den Kohlendioxidgehalt der Luft.

Die vom Menschen verursachte Kohlendioxidemission – derzeit rund 20 Milliarden Tonnen im Jahr – stört dieses selbstregelnde System. Weitere klimawirksame Spurengase wie beispielsweise Methan aus Naßreisanbau, Viehzucht, Mülldeponien und Energiegewinnungsprozessen, Fluorchlorkohlenwasserstoffe (FCKW) aus verschiedenen technischen Anwendungsfeldern, das Distickstoffmonoxid aus Mineralisationsvorgängen im Boden sowie Ozon in der unteren Troposphäre als Produkt chemischer Reaktionen von Luftverunreinigungen verschärfen das Problem. Nach heutigem Kenntnisstand verursachen diese Spurenstoffe in ihrer Summe einen etwa gleich großen Beitrag zum anthropogenen Treibhauseffekt wie das Kohlendioxid. Mathematische Modelle haben es im Verlauf der 70er Jahre ermöglicht, den zu erwartenden Effekt zu schätzen. Die besten derzeit verfügbaren Klimamodelle lassen für den Fall einer Verdoppelung des Kohlendioxidgehalts der unteren Atmosphäre auf 500 bis 600 ppm (= parts per million) unter Berücksichtigung der übrigen klimarelevanten Spurengase eine Mitteltemperatur erwarten, die 3 bis 9° über dem derzeitigen Niveau liegt. Veränderungen dieses Ausmaßes können nicht ohne einschneidende Auswirkungen auf das Leben der Erde bleiben.

Der Kohlendioxidgehalt der Atmosphäre und damit auch die Oberflächentemperatur auf unserem Planeten hat sich im Verlauf der Erdgeschichte zwar schon mehrfach drastisch geändert. Dabei lagen die Mitteltemperaturen sowohl deutlich über als auch unter dem derzeitigen Niveau, ohne daß dadurch das Leben ernstlich bedroht gewesen wäre. Entscheidend ist jedoch, daß die zyklischen Veränderungen des Weltklimasystems über relativ lange Zeiträume stattfanden und den natürlichen Ökosystemen entsprechend Zeit zur Anpassung blieb. Verglichen damit erleben wir heute eine gleichsam plötzliche Veränderung der atmosphären Chemie.

2. Ziele und Maßnahmen

2.1 Klimakonvention

Gerade weil die Folgen dieser Veränderungen weder zeitlich noch räumlich einigermaßen zuverlässig abschätzbar sind, sind rechtzeitige Vorsorgemaßnahmen geboten. Dies wurde nicht zuletzt auf der UN-Konferenz „Umwelt und

Entwicklung" in Brasilien vom Sommer 1992 eindringlich hervorgehoben. Die dort von über 150 Staaten unterzeichnete Klimakonvention stellt einen Qualitätssprung in der internationalen Umweltpolitik dar. Erstmalig wurde von der Mehrzahl der Nationen Übereinstimmung über die Notwendigkeit gemeinsamen verantwortlichen Handelns zur Lösung eines Umweltproblems denkbar größten Ausmaßes erzielt.

2.2 Neuorientierung bei der Energienutzung

Gegen die immer weiter fortschreitende, vom Menschen verursachte Veränderung von Atmosphäre und Weltklima ist ein Bündel von Gegenmaßnahmen erforderlich. Wenn der Aufheizung der Erdatmosphäre entgegengewirkt werden soll, dürfen zur Energiegewinnung nicht länger Kohle und Öl im bisherigen Umfang verbrannt werden.

Vor allem die Industriestaaten, die lediglich ein Fünftel der Erdbevölkerung stellen, verursachen momentan noch 3/4 aller klimarelevanten Emissionen. Deshalb sind alle Kräfte daran zu setzen, um zu neuen, sparsamen, die Umwelt geringbelastenden Formen der Energienutzung zu gelangen.

Bayern unterstützt deshalb auch nachhaltig die Absicht der Bundesregierung, die Emissionen an CO_2 in den nächsten 13 Jahren um mindestens 25% zu reduzieren.

2.3 Bayerische Klimaforschung

Die Bayerische Staatsregierung hat sich bereits frühzeitig und intensiv mit der Weltklimaproblematik befaßt und daraus im Rahmen ihrer Möglichkeiten Konsequenzen gezogen. So ist die frühzeitige und weitreichende Nutzung von Kernenergie und Wasserkraft zur Erzeugung elektrischer Grundlast in Bayern Ursache dafür, daß keine nennenswerten weiteren Einsparungen von CO_2 auf diesem Gebiet mehr erzielt werden können. Im Vordergrund der Bemühungen stehen vielmehr der Sektor Haushalt und Kleinverbrauch sowie der Verkehrsbereich. Eine Reihe von Förderprogrammen, die von der Staatsregierung bereits seit Jahren aufgelegt werden, z.B. das Programm „Rationelle Energieverwendung und -einsparung, erneuerbare Energien" bzw. die Fördermaßnahmen im Rahmen des Konzepts „Nachwachsende Rohstoffe in Bayern", sichern langfristig den einschlägigen technologischen Vorsprung Bayerns.

Auf Initiative Bayerns wurde 1987 beim Bundesforschungsminister ein wissenschaftlicher Klimarat eingerichtet, der die Klimaforschung in der Bundesrepublik Deutschland koordiniert, wichtige Forschungsschwerpunkte festlegt und mit den laufenden internationalen Aktivitäten abstimmt. Daneben hat die Bayerische Staatsregierung ein bayerisches Klimaforschungsprogramm (BayForKlim) aufgelegt, das unter Beteiligung von Hochschulen und außeruniversitären wissenschaftlichen Einrichtungen die Auswirkungen möglicher Klimaveränderungen auf Mensch, Tier und Pflanze unter regionalen Aspekten beleuchten soll. Die Vorhaben im Rahmen des Klimaforschungsprogramms stimmt ein Sachverständigenrat mit den laufenden bundesdeutschen Aktivitäten ab.

3. Problem Ozonloch

Das sogenannte Ozonloch über der Antarktis hat in den letzten Jahren die Öffentlichkeit sehr beschäftigt. Die jährlich wiederkehrende Konzentrationsabnahme des stratosphärischen Ozons über dem Südpol könnte sich – so wurde befürchtet – ständig weiter ausdehnen bzw. auch über der Nordhalbkugel der Erde auftreten. Damit würde mehr kurzwellige UV-Strahlung von der Sonne auf die Erdoberfläche gelangen und dort zu einem Anstieg von Schäden bei Mensch, Tier und Pflanze führen.

3.1 Teilweise natürliches Phänomen

Das Problem ist allerdings ähnlich komplex gelagert wie die Frage der Veränderung des Erdklimas. So wird häufig übersehen, daß bereits im Geophysikalischen Jahr 1956/57 eine verringerte Ozonkonzentration über der Antarktis festgestellt wurde. Da in den 50er Jahren aber nur geringe Mengen an FCKW in die Atmosphäre abgegeben wurden, muß das sogenannte Ozonloch zumindest zum Teil ein natürliches Phänomen darstellen. Breite Aufmerksamkeit hat jedoch erst die Veröffentlichung der Meßreihen des Britisch Antarctic

Zunahme der Ozonkonzentration mit der Höhe (schematische Darstellung)

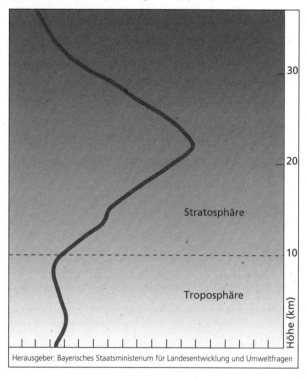

Herausgeber: Bayerisches Staatsministerium für Landesentwicklung und Umweltfragen

Survey von der Station Halley Bay rund 20 Jahre später gefunden. Die in den unteren Luftschichten der Erde besonders stabilen FCKW-Verbindungen, die aufgrund ihrer speziellen Eigenschaften verschiedenartigste technische Verwendungsmöglichkeiten hatten, werden erst in der Stratosphäre durch UV-Strahlung von der Sonne abgebaut. Dies führt zur Freisetzung von Chlor, das seinerseits photochemisch gebildetes Ozon katalytisch zerlegen kann. An der Wirksamkeit dieses Mechanismus besteht im allgemeinen von wissenschaftlicher Seite kein Zweifel. Das Vorhandensein dieser Stoffe in der Stratosphäre wurde z.B. durch Ballonsondierungen auch meßtechnisch nachgewiesen. Fraglich ist allerdings das Ausmaß der durch die anthropogenen Spurenstoffe hervorgerufenen Schädigung der Ozonschicht, die naturgemäß erheblichen tages- und jahreszeitlichen Schwankungen unterliegt. Diese Variabilität der Ozonkonzentration der Stratosphäre erschwert auch eindeutige Angaben darüber, ob dieser Spurenstoff in der oberen Atmosphäre dauerhaft abgenommen hat.

3.2 Keine Gesundheitsgefährdung

Auf dem Erdboden war bislang nur am Südpol selbst und an einer Station in Australien eine Zunahme des kurzwelligen UV-Anteils der Sonnenstrahlung am Erdboden meßtechnisch nachzuweisen. In den mittleren Breiten – also auch bei uns – deuten Meßreihen hingegen eher auf eine kontinuierliche Abnahme des kurzwelligen UV durch Absorption anderer Luftinhaltsstoffe. Die menschliche Gesundheit bzw. das pflanzliche oder tierische Leben ist nach diesen Daten bislang nicht gefährdet.

4. Maßnahmen

Dennoch hat sich die Völkergemeinschaft aufgrund der warnenden Berichte aus der Wissenschaft bereits frühzeitig zu weitreichenden Vorsorgemaßnahmen entschlossen. Das Protokoll von Montreal über Stoffe, die die Ozonschicht der Erde gefährden können, hat bereits 1987 eine Vielzahl von Regierungen unterzeichnet. Zwischenzeitlich wurden die Regelungen dieser internationalen Umweltschutzvereinbarung mehrfach drastisch verschärft, zuletzt auf der 4. Ozonkonferenz der UN in Kopenhagen 1992. Danach ist ein weltweiter Ausstieg aus der Produktion und Verwendung der vorwiegenden ozonschädigenden FCKW und einer Reihe ähnlicher Stoffe bis 1996 vorgesehen. Zumindest langfristig ist damit auf breiter internationaler Grundlage dafür gesorgt worden, daß keine weiteren schädigenden Substanzen in die Atmosphäre eingetragen werden und sich die Ozonproblematik damit nicht länger stellt. Die deutsche FCKW-Halon-Verbotsverordnung sieht einen Ausstieg aus der Produktion und Verwendung dieser Stoffklasse bereits bis Ende 1994 vor.

D 3 Bayern – Zukunft Sonne –

1. Problemstellung

Die erneuerbare Energien verstärkt zu nutzen, ist ein wesentliches Ziel bayerischer Energiepolitik. Damit soll vor allem die Energieversorgung umweltverträglicher gestaltet werden. Der direkten und indirekten Nutzung der Sonnenenergie kommt hierbei wachsende Bedeutung zu.

Walchensee-Hochdruckspeicher-Kraftwerk

2. Ziele und Maßnahmen

2.1 Indirekte Nutzung der Sonnenenergie

Wasserkraft

Die Wasserkraft wird mit ihrem Anteil von immerhin knapp 6% am bayerischen Primärenergieverbrauch bzw. rund 15% am Stromaufkommen ihren Anteil nicht wesentlich steigern können. Einer weiteren Erschließung sind schon aus ökologischen Gründen verhältnismäßig enge Grenzen gesetzt .

Windenergie

Die Technik der Windkraftnutzung ist bereits soweit entwickkelt, daß sie in einigen klimatisch besonders geeigneten Bundesländern, insbesondere an der Nord- und Ostsee, gute Aussichten hat, in Kürze schon wirtschaftlich zur Stromerzeugung beitragen zu können.

In Bayern wird die Windenergie wegen der im allgemeinen niedrigen Windgeschwindigkeiten nur in begrenztem Umfang nutzbar sein.

Nachwachsende Rohstoffe

Nachwachsende Rohstoffe hingegen lassen einen wesentlichen Beitrag zur Energieversorgung erwarten. Zugleich bieten sie auch der Landwirtschaft Zukunftsperspektiven.

Mit nachwachsenden Rohstoffen kann die Sonnenenergie im Rahmen eines geschlossenen Kohlenstoff-Kreislaufs genutzt werden. Als Folge der Verbrennung wird nicht mehr Kohlendioxid freigesetzt, als zuvor von der Pflanze gebunden wurde.

2.2 Direkte Nutzung der Sonnenenergie

Langfristig gesehen ist es unverzichtbar, die Energie, die der Erde in Form der Sonne seit Millionen Jahren zur Verfügung steht, umfassend direkt zu nutzen. Aus den klimatischen und physikalischen Rahmenbedingungen geht hervor, welch riesiges Potential dabei zur Verfügung steht: In einer halben Stunde strahlt die Sonne den gesamten Jahresenergiebedarf der Menschheit auf die Erde ein.

Sonnenscheindauer in Bayern (Jahreskarte)

Mittlere jährliche Sonnenscheindauer in Stunden

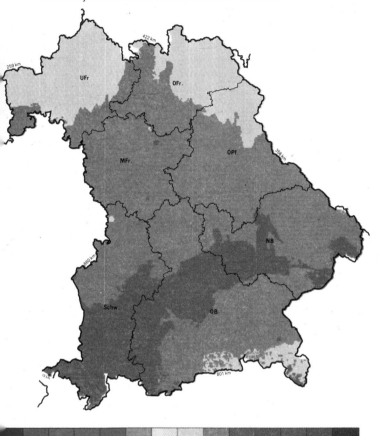

| 800 | 900 | 1000 | 1100 | 1200 | 1300 | 1400 | 1500 | 1600 | 1700 | 1800 | 1900 | 2000 |

Quelle: Bayerischer Solar- und Windatlas, S. 7

Herausgeber: Bayerisches Staatsministerium für Wirtschaft und Verkehr, München 1992

Auf Mitteleuropa entfallen rd. 1.000 Kilowattstunden Sonnenenergie je Quadratmeter und Jahr. Für eine Stadt wie München bedeutet das an einem Sommertag durchschnitt-

lich 5 Kilowattstunden pro Quadratmeter, an einem Winter-
tag immer noch eine Kilowattstunde. Mit einer jährlichen
Sonnenscheindauer von mehr als 1.700 Stunden haben große Teile Bayerns besondere klimatische Vorzüge.

Dementsprechend wird die Zukunft der Energieversorgung
des 21. Jahrhunderts in der Sonne liegen. Deren energeti-
sche Nutzung muß in den kommenden Generationen die
bisherigen Energiegewinnungsformen Schritt für Schritt zunächst ergänzen und langfristig ablösen.

Die Weichen für den Einstieg in die Sonnenenergie-Nutzung
wurden in Bayern mit Hilfe umfangreicher Förderprogramme
und Pilotanlagen bereits gestellt. Im Mittelpunkt dieser Bemühungen steht das Ziel, möglichst schnell die Breitenan-
wendung der auf dem Markt vorhandenen solarthermischen
und photovoltaischen Techniken voranzutreiben. Die Ener-
gieversorgungsunternehmen und die Industrie konnten dafür gewonnen werden, hierzu ihren Beitrag zu leisten. Besonders wichtig ist, daß die öffentliche Hand bei der direkten Nutzung der Sonnenenergie ihre Vorbildfunktion offen-
siv wahrnimmt. Bund, Länder und Gemeinden können zu
einem rascheren Durchbruch der Solar-Technik beitragen,
wenn sie die Photovoltaik z.B. zu einem Gestaltungselement
für Dächer und Fassaden machen.

Solarfassade des Bayerischen Umweltministeriums

Das Bayerische Umweltministerium hat zu diesem Zweck
1993 den größten Teil seiner Südfassade mit Solarzellen zur
Stromerzeugung ausgestattet. Die installierte Gesamtleistung
der Solarfassade beträgt insgesamt rd. 52 kW. Damit können voraussichtlich bis zu 45.000 kWh Strom pro Jahr erzeugt werden. Dies entspricht dem Strombedarf von rd. 15
Haushalten. Der Strom aus dieser netzgekoppelten Anlage
versorgt im Umweltministerium u.a. die Elektrofahrzeuge,
die umweltrelevanten Meß- und Überwachungseinrich-
tungen sowie die Beleuchtung. Ein dreijähriges Meßpro-
gramm wird das Vorhaben wissenschaftlich begleiten, das
wertvolle Erkenntnisse für die weitere Verbreitung dieser
zukunftsorientierten Form der Stromerzeugung erwarten
läßt. Die Einführung von Mindestvergütungen im Rahmen

Solarfassade des Umweltministeriums mit Elektro-Pkw

des Stromeinspeisungsgesetzes hat die wirtschaftlichen Rahmenbedingungen für den verstärkten Einsatz erneuerbarer Energien verbessert.

D 4 Gentechnik und Umweltschutz

1. Problemstellung

Der Mensch hat seit Jahrtausenden Nutztiere und Kulturpflanzen, aber auch Mikroorganismen, die bei der Nahrungsmittelherstellung verwendet werden, in seinem Sinne züchterisch verändert und genutzt. In den letzten Jahrzehnten wurde die Gentechnik als eine neue Methode zur gezielten Veränderung des Erbguts zur Beeinflussung der Eigenschaften und Fähigkeiten von Organismen entwickelt. Inzwischen wird der Gentechnik ein Innovationspotential zugeschrieben, das dem der Mikroelektronik oder Raumfahrt vergleichbar ist.

Neukombination von DNS

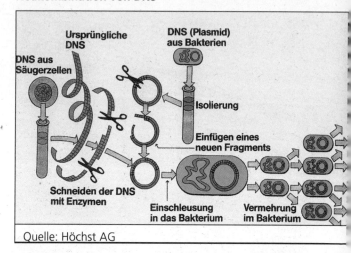

Quelle: Höchst AG

Die neue Dimension der Gentechnik liegt darin, daß

- Erbeigenschaften über Artgrenzen hinweg in bestimmte Organismen übertragen werden können,

- gezielt nur bestimmte Gene übertragen werden, während bei der herkömmlichen Züchtung stets die gesamten elterlichen Erbanlagen neu kombiniert werden; das Ergebnis einer gentechnischen Veränderung läßt sich deshalb – im Unterschied zu konventionellen Methoden – präzise vorhersagen.

Neben der gezielten Veränderung von Erbeigenschaften ermöglicht die Gentechnik auch die Analyse des Erbguts auf molekularer Ebene.

Die Methoden der Gentechnik haben inzwischen Eingang in die verschiedensten naturwissenschaftlichen Disziplinen gefunden. Die wichtigsten Anwendungsgebiete liegen in der Medizin, in der landwirtschaftlichen Erzeugung, in der gentechnischen Produktion biochemischer Stoffe und im Umweltschutz.

In Bayern gibt es derzeit rd. 245 gentechnische Anlagen, davon 62% in der Sicherheitsstufe 1 (keine Gefahr) und 35%

in der Sicherheitsstufe 2 (geringe Gefahr); über 90% aller Anlagen werden als Forschungslabor betrieben. Inzwischen wurden auch die ersten gentechnisch veränderten Organismen freigesetzt. Es handelt sich dabei um Zuckerrüben, deren Resistenz gegen den Erreger der Wurzelbärtigkeit (Rizomania) unter Freilandbedingungen geprüft wird.

2. Ziele und Maßnahmen

Die Nutzung der Gentechnik birgt nicht nur ein bedeutendes wirtschaftliches Potential, sondern trägt auch zum Schutz der Umwelt bei. In der Stoffproduktion mit Hilfe gentechnisch veränderter Mikroorganismen und Zellkulturen liegt der Bedarf an Rohstoffen und Energie erheblich unter den Vergleichswerten in der konventionellen Biotechnologie. Gegenüber chemischen Syntheseverfahren werden lediglich Bruchteile der dort üblichen Mengen benötigt; darüber hinaus ist der Schutz der Arbeitnehmer, der Allgemeinbevölkerung und der Umwelt durch die überwiegende Verwendung ungefährlicher Chemikalien und die für Lebewesen zuträglichen Produktionsbedingungen gewährleistet. Die Förderung der Gentechnik dient somit den Zwecken des Umweltschutzes und ist deshalb Bestandteil der Politik der Bayerischen Staatsregierung.

2.1 Schutz von Mensch und Umwelt

Auf den unbedingten Schutz der Arbeitnehmer, der Bevölkerung und der Umwelt vor möglichen Risiken beim Umgang mit pathogenen oder umweltgefährlichen gentechnisch veränderten Organismen wird dabei besonderer Wert gelegt. Soweit im Forschungsbereich mit solchen Organismen umgegangen wird, sind die geltenden Sicherheitsbestimmungen zu beachten. In der gewerblichen Produktion werden ausschließlich ungefährliche gentechnisch veränderte Organismen verwendet. Vor jeder Freisetzung gentechnisch veränderter Organismen ist im Rahmen eines Genehmigungsverfahrens zu prüfen, ob Risiken für Mensch und Umwelt bestehen.

Das Embryonenschutzgesetz vom 13. Dezember 1990 verbietet unter Strafandrohung die gentechnische Veränderung

Freisetzung gentechnisch veränderter Zuckerrüben

menschlicher Keimbahnzellen. Darüber hinaus stellt das Gentechnikgesetz, das am 1. Juli 1990 in Kraft getreten ist, umfassende Regelungen zum Schutz von Mensch und Umwelt beim Einsatz der Gentechnik dar. Es sieht insbesondere vor:

– Anmelde- und Genehmigungspflichten für gentechnische Anlagen und Arbeiten sowie für die Freisetzung gentechnisch veränderter Organismen und das Inverkehrbringen von Produkten, die gentechnisch veränderte Organismen enthalten oder aus solchen bestehen,

– eine Differenzierung gentechnischer Arbeiten nach vier Sicherheitsstufen,

– eine Differenzierung zwischen Forschungs- und gewerblichen Zwecken mit einer Privilegierung der Wissenschaft sowie

– die Zuständigkeit der Länder für Anmeldung und Genehmigung gentechnischer Arbeiten und Anlagen sowie für deren Überwachung, die Zuständigkeit des Bundes für die Genehmigung von Freisetzungen und das Inverkehrbringen von Produkten.

Das Gentechnikgesetz wurde inzwischen mit dem Ziel der Beschleunigung von Verwaltungsverfahren novelliert. Darüber hinaus laufen auf verschiedenen Ebenen Anstrengungen, die Anforderungen der zugrundeliegenden EG-Richtliniён an das auf OECD-Ebene existierende Regelungsniveau anzupassen. Nur international einheitliche Rechtsgrundlagen können die Wettbewerbsfähigkeit der Europäischen Gemeinschaft und damit auch Deutschlands auf dem Gebiet der Gentechnik gewährleisten.

2.2 Zuständige Behörden

Zuständige Genehmigungsbehörden für den Umgang mit gentechnisch veränderten Organismen in Labors und Produktionsanlagen sind in Bayern:

- Die Regierung von Oberbayern für die Regierungsbezirke Oberbayern, Niederbayern und Schwaben,
- die Regierung von Oberfranken für die Regierungsbezirke Oberfranken und Oberpfalz sowie
- die Regierung von Unterfranken für die Regierungsbezirke Unter- und Mittelfranken.

Fachbehörden für die technische Überwachung sind:

- Für den Bereich des Arbeitsschutzes das Gewerbeaufsichtsamt,
- im übrigen das Landesamt für Umweltschutz.

Mit der Bildung von drei regionalen Schwerpunkten bei den Regierungen wird einerseits eine gewisse Bündelung des notwendigen Sachverstands erreicht, andererseits den Erfordernissen der Betreibernähe, der Verwaltungsdezentralisierung und eines effektiven und fristgerechten Vollzugs Rechnung getragen. Dem Landesamt für Umweltschutz wurden die Aufgaben der übergeordneten Beratung und Überwachung zugewiesen.

Zur Unterstützung des Vollzugs, insbesondere auch im Hinblick auf die gesetzlich vorgeschriebenen Fristen für Anmelde- und Genehmigungsverfahren, wurde am Landesamt für Umweltschutz eine Datenbank aufgebaut. Darüber hinaus besteht dort – als der bundesweit ersten derartigen Einrichtung – ein Labor zur experimentellen Überwachung gentechnischer Arbeiten und von Freisetzungen gentechnisch veränderter Organismen.

D 5 Zuwanderung und Flächenbeanspruchung

1. Problemstellung

In einem Zeitraum von fünf Jahren nach der letzten Volkszählung 1987 hat die Bevölkerung Bayerns um rd. 800.000 Einwohner auf knapp 11,8 Mio. Einwohner zugenommen. Zum Vergleich: In den siebzehn Jahren zwischen den Volkszählungen 1970 und 1987 ist die Einwohnerzahl nur um rd. 400.000 gewachsen.

1.1 Bevölkerungszunahme

Allein im Jahr 1992 wurde ein Zuwachs von rd. 174.000 Einwohnern registriert; das waren rd. 27.000 mehr als 1991. Der Einwohnerzuwachs des Jahres 1992 entspricht ungefähr der Einwohnerzahl der Städte Würzburg und Kaufbeuren zusammengenommen.

Nimmt die Bevölkerung weiter so zu, müßten – wenn der Standard etwa bei der Wohnungs- und Schulversorgung gehalten werden soll – jedes Jahr im dichtbesiedelten Bayern praktisch zwei neue Städte dieser Größenordnung gebaut werden: mit Wohnungen, Schulen, Kindergärten und allem, was sonst noch dazugehört. Wenn man bedenkt, daß Würzburg und Kaufbeuren derzeit insgesamt 80 Kindergärten, 37 Volksschulen und 80.400 Wohnungen haben und rd. 4.600 ha Siedlungs- und Verkehrsfläche in Anspruch nehmen, wird erst die ganze Tragweite deutlich.

Das starke Bevölkerungswachstum beruht zu rd. 90% auf Wanderungsgewinnen und zu 10% auf Geburtenüberschüssen. Die Wanderungsgewinne entstanden zu rd. 79% aus Gewinnen gegenüber dem Ausland und zu rd. 21% aus Gewinnen gegenüber dem übrigen Bundesgebiet. Der Anteil des Außenwanderungsgewinns hat sich während der letzten Jahre laufend erhöht.

1.2 Ausländeranteil

An der Nettozuwanderung des Jahres 1992 waren Ausländer mit fast 70% beteiligt. Dadurch und aufgrund des Geburtenüberschusses hat sich die Zahl der Ausländer in Bayern bis zum Jahresende 1992 auf rd. 1,05 Mio. erhöht.

Der Anteil der Ausländer an der Gesamtbevölkerung lag Ende 1992 bei 8,9%. Dieser Durchschnittswert wird in den drei Regionen mit großen Verdichtungsräumen deutlich überschritten. In der Region München lag er beispielsweise bei 16,5%, in der Landeshauptstadt München bereits bei 22,8% und in einzelnen Stadtvierteln dort bei über 40%.

Die Zahl der arbeitslosen Ausländer ist in Bayern von September '92 auf September '93 um 54% auf knapp 45.000 angestiegen. Die Arbeitslosenquote der Ausländer betrug 10,8% bei einer Gesamtarbeitslosigkeit von 7,9%.

2. Ziele und Maßnahmen

Hält die Entwicklung weiter so an, ist ein erhebliches Belastungs- und Konfliktpotential zu erwarten. Das Bayer. Staatsministerium für Landesentwicklung und Umweltfragen hat daher beim Ifo-Institut für Wirtschaftsforschung ein Gutachten in Auftrag gegeben, das genauer abschätzen sollte, welche Auswirkungen die Zuwanderung bis zum Jahr 2010 auf die Bevölkerungsentwicklung, den Arbeitsmarkt, den Wohnungsmarkt, die Infrastruktur sowie auf den Flächenverbrauch und damit auch auf die Umwelt haben werden. Die Probleme der gesellschaftlichen Akzeptanz von Zuwanderern, Fragen ihrer Assimilation bzw. Integration sowie juristische Fragen einer adäquaten Zuwanderungspolitik waren nicht Bestandteil des Auftrags. Allerdings waren und sind die rechtlichen Rahmenbedingungen wesentlich für das Verständnis der Entwicklung der Wanderungen während der letzten Jahre und für die Abschätzung künftiger Wanderungen.

2.1 Zuwanderung nach Deutschland und Bayern

Die Bundesrepublik Deutschland und Bayern waren in den vergangenen Jahrzehnten wichtige Ziele internationaler Wanderungen. Zwischen 1960 und dem Anwerbestopp im Jahre 1973 kamen per Saldo 3,6 Mio. Menschen in die Bundesrepublik Deutschland. Danach ebbte der Zustrom ab, um nach 1986, bedingt durch den Umbruch in Osteuropa, wieder drastisch anzusteigen. In den fünf Jahren bis 1990 siedelten sich (netto) 2,9 Mio. Menschen in den alten Ländern an. Nach Bayern kamen rund 450.000 Zuwanderer. Davon waren 56% Deutsche (Aus- und Übersiedler) und 44% Ausländer.

Von den ins Bundesgebiet zwischen 1986 und 1989 zugewanderten Ausländern waren 20% Erwerbstätige, 16% Asylbewerber, 64% gehörten sonstigen Personengruppen an. In den letzten Jahren hat sich der Zustrom an Asylbewerbern beträchtlich erhöht. 1983 wurden rund 20.000, 1992 rund 438.000 Anträge gestellt. Zwischen 1983 und 1990 summierte sich die Zahl der nach Deutschland eingereisten Asylbewerber auf 703.000. Im gleichen Zeitraum nahmen z.B. Frankreich nur 278.000 und Großbritannien nur 69.000 Asylbewerber auf.

2.2 Szenarien künftiger Zuwanderung

Zur Abschätzung der künftigen Wanderungen hat das Ifo-Institut drei Wanderungsszenarien entworfen. Dabei geht es davon aus, daß von den in Aussiedlungsgebieten lebenden Deutschen – die Bundesregierung schätzt ihre Zahl auf 3,5 Mio. – zwischen 1,9 und 2,5 Mio. im Zeitraum 1991 bis 2000 nach Deutschland umsiedeln werden. Bayern wird etwa 15% davon aufnehmen.

Die künftige Nettozuwanderung von Ausländern hängt vom Auswanderungspotential in den Herkunftsländern und – in entscheidendem Maße – von den Zuzugsregelungen der Bundesrepublik Deutschland ab. Es wurden folgende Szenarien unterschieden:

– Szenario I:

   gemäßigte Zuwanderung (Beibehaltung des Anwerbestopps, restriktive Asylpolitik),

– Szenario II:

   hohe Zuwanderung (Lockerung des Anwerbestopps, Asylpolitik wie vor dem „Asylkompromiß"),

– Szenario III:

   sehr hohe Zuwanderung (wie Szenario II, aber dramatische Verschärfung des Zuwanderungsdrucks).

Bevölkerungsentwicklung in Bayern 1985–2010

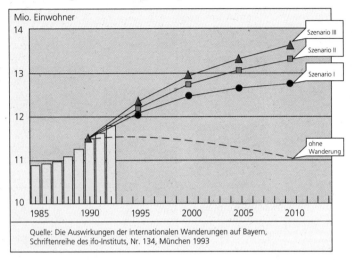

Quelle: Die Auswirkungen der internationalen Wanderungen auf Bayern,
Schriftenreihe des ifo-Instituts, Nr. 134, München 1993

Unter diesen Annahmen wird die Nettozuwanderung von Ausländern über die Grenzen des Bundesgebiets nach Bayern im Zeitraum von 1991 bis 2010 folgende Größenordnung haben:

- Szenario I:
  480.000 Personen
- Szenario II:
  880.000 Personen
- Szenario III:
  1.210.000 Personen

Bei der Vorausschätzung des Saldos der Binnenwanderung Bayerns mit den alten Ländern geht die Studie von der Annahme aus, daß sich auch in Zukunft Wanderungsgewinne ergeben werden. Bei den Wanderungen mit den neuen Ländern bis zum Jahr 2000 werden zwar weiterhin Wanderungsgewinne Bayerns unterstellt, allerdings mit abnehmendem Umfang. Der Saldo der Binnenwanderung wird sich unter diesen Voraussetzungen im Zeitraum von 1991 bis 2010 auf insgesamt 756.000 Personen, d.h. im Jahresdurchschnitt auf rund 38.000 Personen, belaufen.

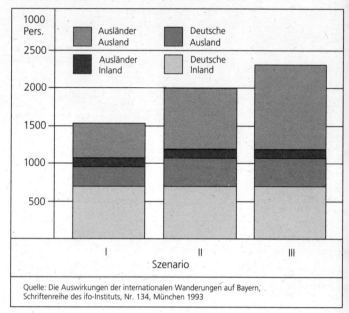

Nettozuwanderung nach Bayern 1990–2010

Quelle: Die Auswirkungen der internationalen Wanderungen auf Bayern, Schriftenreihe des ifo-Instituts, Nr. 134, München 1993

Faßt man die drei Wanderungsströme zusammen, so ergeben sich für Deutsche und Ausländer zwischen 1990 und 2010 in Bayern folgende Wanderungsgewinne:

- Szenario I:
  1,5 Mio. Personen
- Szenario II:
  2,0 Mio. Personen
- Szenario III:
  2,3 Mio. Personen.

2.3 Auswirkungen auf Bevölkerungsstruktur, Wohnungsbedarf und Flächenverbrauch

Es ist klar, daß eine Zuwanderung in solchen Dimensionen die Bevölkerungsentwicklung in Bayern grundlegend verändern wird. Wäre ohne Wanderung bis zum Jahr 2010 ein Rückgang der Gesamtbevölkerung um rund 450.000 Personen zu erwarten, so wird die Bevölkerungszahl entsprechend den Wanderungsszenarien um 1,3 bis 2,1 Mio. Einwohner zunehmen. Aufgrund des demographisch bedingten Rückgangs bleibt der Bevölkerungszuwachs in den Szenarien unter der Gesamtsumme der angenommenen Nettozuwanderung.

Am Wohnungsmarkt sind vor allem in den Regionen mit großen Verdichtungsräumen und insbesondere in der Region München – je nach Stärke der Zuwanderung – erhebliche Probleme zu erwarten.

Im Szenario I „gemäßigte Zuwanderung" nimmt die Gesamtbevölkerung in Bayern um 16%, die Zahl der Haushalte um gut 25% zu. Dadurch entsteht ein Mehrbedarf an rd. 540.000 Wohnungen. Wollte man diesen Mehrbedarf vollständig decken, so wären pro Jahr rd. 27.000 zusätzliche Wohnungen erforderlich (1990: 21.500). Im Szenario III beträgt der Bevölkerungszuwachs in Bayern 26%, der der Haushalte 37%. Der Wohnungsmehrbedarf steigt auf fast 781.000. Sollte dieser Bedarf im Jahr 2010 gedeckt sein, so wären jährlich fast 40.000 zusätzliche Wohnungen notwendig.

Mehr als zwei Drittel dieses zusätzlichen Wohnungsbedarfs, rd. 600.000 Wohnungen, entfallen auf die Region München. Um diesem Bedarf zu entsprechen, müßte die gegenwärtige jährliche Wohnbauleistung in Höhe von rund 11.000 Wohnungen verdreifacht werden.

Die Tragweite dieser Entwicklung zeigt sich nicht zuletzt im zu erwartenden Flächenverbrauch: Um die zusätzliche Bevölkerung bei sehr hoher Zuwanderung unterzubringen, müßten in Bayern rd. 51.000 ha freie Fläche in Siedlungsfläche umgewandelt und zu großen Teilen versiegelt werden. In der Region München würden rd. 17.000 ha freie Fläche benötigt werden. Das wäre ein Verbrauch an freier Landschaft von 3,6% und entspräche einer Zunahme der Siedlungs- und Verkehrsfläche um 25%. Bei gemäßigter Zuwanderung (Szenario I) wäre es immerhin noch eine Zunahme um 17% in der Region München und 6% in Bayern insgesamt.

Zuwachs an Siedlungs- u. Verkehrsfläche 1990–2010 in v.H.

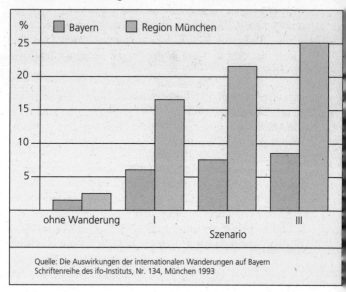

Quelle: Die Auswirkungen der internationalen Wanderungen auf Bayern
Schriftenreihe des ifo-Instituts, Nr. 134, München 1993

2.4 Konsequenzen

Das Ifo-Gutachten bestätigt damit die Annahme, daß in der Zuwanderung ein erhebliches Belastungs- und Konfliktpotential für Gesellschaft und Umwelt liegt. Die Schlußfolgerung muß daher lauten: Das dicht besiedelte Bayern kann kein Einwanderungsland sein. In allen Bereichen der Politik müssen hieraus Konsequenzen gezogen werden. Deshalb wurde diese Zielaussage auch in die Fortschreibung des Bayerischen Landesentwicklungsprogramms im Kapitel „Übergeordnete Ziele" aufgenommen. Vor dem Hintergrund der im Gutachten aufgezeigten Probleme „soll die Einwanderung von Ausländern restriktiv gehandhabt werden, insbesondere Siedlungsentwicklung sowie staatlicher und kommunaler Infrastrukturausbau sollen nicht am Bedarf einer weiteren Zuwanderung von Ausländern orientiert werden". Entsprechend dieser Vorgabe lehnen sich die oberen Richtwerte im Landesentwicklungsprogramm für die künftige regionale

Bevölkerungsentwicklung in Bayern am Ifo-Szenario „Gemäßigte Zuwanderung" an: Die in diesem Szenario aufgezeigte Entwicklung erscheint nur bei konsequenter Umsetzung des Parteienkompromisses zur Asylproblematik möglich.

Um dies zu unterstützen, bemüht sich Bayern, auch bundesweit auf die Auswirkungen einer anhaltend starken Zuwanderung hinzuweisen. Auf Antrag Bayerns hat die Ministerkonferenz für Raumordnung am 27. November 1992 auf Schloß Krickenbeck bei Düsseldorf beschlossen, daß im Zusammenhang mit der wachsenden Zuwanderung „eine frühzeitige Beschäftigung mit Fragen der Raumnutzung, insbesondere den Anforderungen an die Infrastruktur und des individuellen Flächenanspruchs" notwendig ist. Der Ausschuß Daten der Raumordnung der Ministerkonferenz für Raumordnung wurde beauftragt, die dazu notwendigen bundesweiten Untersuchungen durchzuführen. Ersten Ergebnissen dieser Arbeiten zufolge sprechen alle Anzeichen dafür, daß sich die beobachteten Tendenzen der Siedlungsentwicklung fortsetzen und in den 90er Jahren ein neuer starker Siedlungsschub ansteht. Gerade aus diesem Grund hat Bayern auch die Umweltministerkonferenz mit der Angelegenheit befaßt. Diese hat die ihr zugeordnete Länderarbeitsgemeinschaft für Naturschutz, Landschaftspflege und Erholung beauftragt, die Ergebnisse der Ministerkonferenz für Raumordnung aus ökologischer Sicht zu bewerten und der Umweltministerkonferenz zu berichten.

D 6 Europa und Umweltschutz

1. Problemstellung

Die breite Diskussion über Maastricht und damit letztlich die Frage: „Welches Europa wollen wir?" war notwendig und richtig, ließ allerdings einen Aspekt europäischer Politik weitgehend im Hintergrund: den Umweltschutz. Dies kommt nicht von ungefähr. Von Anfang an hat sich die Europäische Gemeinschaft zunächst und zu allererst als Wirtschaftsgemeinschaft verstanden.

In den Gründungsverträgen von 1957 war eine Zuständigkeit der Europäischen Gemeinschaft für Umweltpolitik nicht vorgesehen. Die EWG war als reine Wirtschaftsgemeinschaft konzipiert, mit dem zentralen Ziel der „stetigen Verbesserung der Lebensbedingungen" und der „harmonischen Entwicklung des Wirtschaftslebens in der Gemeinschaft".

1.1 Entwicklung des Umweltschutzes

Bald aber hat die EG erkannt, daß diese Ziele nicht ohne gemeinsame Anstrengungen im Umweltschutz zu realisieren sind. Seit 1973 wurden deshalb bisher 5 mehrjährige Aktionsprogramme für den Umweltschutz vom Rat verabschiedet, die zu einem immer dichteren Netz eines europäischen Umweltrechts geführt haben.

Mit der Einheitlichen Europäischen Akte vom 1. Juli 1987 erhielt die Gemeinschaft eine ausdrückliche umweltpolitische Kompetenz. Seither gehört es vertraglich zu ihren Aufgaben, die Umwelt zu erhalten und zu schützen, zum Schutz der menschlichen Gesundheit beizutragen sowie eine umsichtige und rationelle Verwendung der natürlichen Ressourcen zu gewährleisten.

Dieser Gedanke wird fortgeführt durch den Vertrag über die Europäische Union, der die Umweltpolitik als Tätigkeit der Gemeinschaft definiert und in Art. 130 r ff. EG-Vertrag nähere Regelungen trifft. Diese Bestimmungen sollen die Eigenständigkeit der Umweltpolitik gegenüber den anderen vornehmlich wirtschaftlichen Zielen des Vertrages betonen und die Effizienz gemeinschaftlicher Umweltpolitik erhöhen. Vier Handlungsziele werden bestimmt:

- Erhaltung, Schutz und Verbesserung der Umwelt,
- Schutz der menschlichen Gesundheit,
- umsichtige und rationelle Nutzung der natürlichen Ressourcen,
- Förderung von Maßnahmen auf internationaler Ebene zur Bewältigung regionaler oder globaler Umweltprobleme.

Daneben werden auch die Grundsätze der europäischen Umweltpolitik formuliert. Das sind die Prinzipien der

Palais Berlaymont, Sitz der EG-Kommission und Symbol für wichtige Entscheidungen auch für Bayern und seine Bürger

- Vorsorge,
- Bekämpfung der Verschmutzung an der Quelle,
- Berücksichtigung des Umweltschutzes in den anderen Politikbereichen der Gemeinschaft.

Als Ziel der Gemeinschaftlichen Umweltpolitik wird ein hohes Schutzniveau angestrebt.

1.2 Vorteile gemeinsamer Umweltpolitik

Die Menschen in der EG leben zwangsläufig auch in einer Gemeinschaft der Umweltprobleme: 50% der Luftverschmutzung überschreiten Grenzen, 80% der Gewässer in der Gemeinschaft haben zwei oder drei Anliegerstaaten. Luft und Wasser aber kennen keine Grenzen, weshalb auch die damit verbundenen Umweltprobleme nicht an nationalen

Grenzen halt machen. Aus dieser Erkenntnis heraus bedarf es einer Abstimmung der nationalen Umweltmaßnahmen der einzelnen Mitgliedstaaten, die auf eine zumindest in wichtigen Teilbereichen einheitliche Umweltpolitik der Gemeinschaft gerichtet sein sollte. Diese notwendige Abstimmung führt zwangsläufig aber auch dazu, daß die Umweltschutzmaßnahmen der EG Kompromißcharakter haben und oft hinter deutschen Standards zurückbleiben.

Unter europäischer Betrachtungsweise muß dies kein Rücktritt sein. Vielmehr kann es eine Verbesserung der allgemeinen Umweltsituation bedeuten, wenn EG-weit gewisse Mindeststandards durchgesetzt werden, die über dem bisher in vielen Mitgliedstaaten üblichen Niveau liegen.

Die Umweltschutzmaßnahmen der EG haben in ihrer Summe durchaus Fortschritte bewirkt, die ohne die Gemeinschaft wohl nicht möglich gewesen wären. Gerade in den Mitgliedstaaten, die im Umweltschutz noch großen Nachholbedarf haben, hat sich die EG als ein gewichtiger Faktor erwiesen, um wenigstens gewisse Standards durchzusetzen.

1.3 Folgen der EG-Umweltpolitik

Nach Art. 130 r Abs. 2 EG-Vertrag zielt die Umweltschutzpolitik der Gemeinschaft auf ein hohes Schutzniveau ab. Allerdings schränkt der EG-Vertrag dies selbst wieder ein, indem dabei nämlich die „unterschiedlichen Gegebenheiten in den einzelnen Regionen der Gemeinschaft" Berücksichtigung finden. Der Begriff des „hohen Schutzniveaus" ist aufgrund der unterschiedlichen Ausgangslagen in den einzelnen Mitgliedstaaten sehr unterschiedlich zu definieren. So beträgt z.B. der Anschlußgrad an die öffentliche Abwasserbeseitigung in Deutschland, bezogen auf die alten Bundesländer, rund 90%, in Spanien und Italien rund 30% und in Portugal gerade 15%. In Brüssel, der Hauptstadt Europas, fehlt bis heute jede Kläranlage. Vergleichbar ist die Situation bei der Abfallentsorgungsinfrastruktur. Vor allem in Griechenland und Portugal wandern Abfälle wegen fehlender Entsorgungsanlagen immer noch auf wilde Deponien.

Die Kommission orientiert sich deshalb bei ihren Vorschlägen für Rechtsvorschriften realistischerweise nicht am technisch Machbaren, sondern am politisch Durchsetzbaren. Dabei hat sie Rücksicht zu nehmen auf die schwächsten Glieder der Kette, d.h. auf die relativ ärmeren Länder, die zugleich den größten Nachholbedarf haben. Dies macht zumindest ein durchschnittliches Niveau erreichbar, begünstigt allerdings die Erhöhung des allgemeinen Umweltschutzniveaus nicht sonderlich. Dies ist aus bayerischer Sicht bedauerlich.

Als problematisch erweisen sich auch die Schlußfolgerungen, welche die EG aus ihrem Ziel ableitet, daß der Binnenmarkt als Raum mit völlig ungehindertem Warenverkehr gewährleistet sein muß. Danach kann ein Mitgliedstaat zwar für seine im Inland hergestellten Produkte die Anforderungen nach Belieben regeln, muß aber auch solche ausländischen Produkte auf seinem Gebiet zum Verkauf zulassen, die den im Herkunftsland geltenden Anforderungen entsprechend. Dies gilt auch, wenn diese Anforderungen weniger streng sind als die eigenen. Danach dürften beispielsweise in Deutschland schon seit Anfang 1991 die wegen ihrer grundwasserschädlichen Eigenschaften verbotenen atrazinhaltigen Pflanzenschutzmittel wieder nach Deutschland eingeführt werden, sofern es nicht gelingt, ein EG-weites Verbot dieser Pflanzenschutzmittel durchzusetzen. Ähnlich verhält es sich bei zu Konservierungszwecken bestrahlten Lebensmitteln, die vor allem in Holland, Frankreich und Italien zulässig, bei uns aber verboten sind. Ein Richtlinien-Vorschlag der EG-Kommission sieht vor, die Bestrahlung von Lebensmitteln zu erlauben. Ein Verfahren zum Nachweis der Bestrahlung, das für alle Lebensmittel anwendbar wäre, gibt es jedoch noch nicht. Die Abschaffung der Grenzkontrollen im Binnenmarkt hat allen bestrahlten Lebensmitteln den Europäischen Markt geöffnet.

Die Zurückhaltung der EG bei der Einführung schärferer materieller Umweltvorschriften ist begleitet von dem intensiven Bestreben, komplizierte formelle Verfahrensregelungen zu standardisieren. Das hat einerseits in bestimmten EG-Staaten nur Placebo-Charakter, läuft andererseits den deutschen

Bemühungen um Verfahrensvereinfachung entschieden zuwider.

Jüngstes Beispiel der falsch orientierten zentralistisch-bürokratischen Verfahrensperfektionierung ist die geplante sog. IPC-Richtlinie („Integrated Pollution Prevention and Control"). Sie soll das Zulassungsverfahren für ortsfeste Industrieanlagen im Wege „integrierter Vermeidung und Verminderung" EG-weit vereinheitlichen, führt dabei jedoch keine einheitlichen materiellen Mindeststandards ein. Dies bedeutet für den Umweltschutz keinen Fortschritt. Wo nämlich niedrige Standards gelten und selbst diese nicht ausreichend überwacht werden, hilft keine Änderung des Genehmigungsverfahrens. Wo andererseits aber, wie in Deutschland und in Bayern, hohe Standards von einer funktionierenden Umweltverwaltung gewährleistet werden, ist ein Eingriff in das bewährte Verwaltungsverfahren nicht nur überflüssig, sondern schädlich.

Der Umstand, daß im Umweltschutzniveau der einzelnen Mitgliedstaaten zum Teil ganz erhebliche Unterschiede bestehen, die auch die wirtschaftliche Entwicklung beeinflussen, gewinnt immer mehr an Gewicht. Sie löst die Forderung aus, daß Deutschland bestehende strenge Umweltvorschriften lockert, um seine Industrie konkurrenzfähig zu halten. Jedenfalls wird es zunehmend schwieriger, für umweltrechtliche Vorschriften, die den Standard der übrigen EG-Mitgliedstaaten übertreffen, die notwendige innerstaatliche Akzeptanz zu erreichen.

2. Ziele und Maßnahmen

Das Bayerische Staatsministerium für Landesentwicklung und Umweltfragen bekennt sich zu einer Umweltpolitik der EG. Eine gemeinsame Umweltpolitik ist wichtiger als je zuvor, denn das globale Ausmaß der drohenden Zerstörung unserer Lebensgrundlagen macht ein schnelles und wirksames Handeln auf allen Ebenen unerläßlich.

Um effektiv sein zu können, muß eine gemeinsame Umweltpolitik aber folgende Grundsätzen Rechnung tragen:

Informationsbüro des Freistaates Bayern in Brüssel – Außenposten zur Kontaktaufnahme und Interessenvertretung vor Ort

- Die EG darf keine Verfahrensregelungen erlassen. Dies ist Sache der Mitgliedstaaten.
- Die EG muß die Unterschiede zwischen den einzelnen Mitgliedstaaten, die auf unterschiedlichen naturräumlichen und strukturellen Gegebenheiten beruhen, respektieren. Sie muß außerdem anerkennen, daß es für Umweltprobleme keine Einheits-Patentlösungen geben kann, die überall in Europa Geltung beanspruchen können.
- Solange das Umweltschutzniveau in den einzelnen Mitgliedstaaten uneinheitlich ist, muß die EG die umweltpolitische Vorreiterrolle der weiterentwickelten Mitgliedstaaten akzeptieren, auch auf Kosten des gemeinsamen Binnenmarktes. Für das Gelingen der europäischen Integration wird langfristig die Erhaltung unserer natürlichen Lebensgrundlagen entscheidender sein als der freie Warenverkehr.

256

Weitere Informationen über Landesentwicklung und Umweltschutz in Bayern:

Eine **Publikationsliste** des Umweltministeriums enthält die aktuelle Übersicht zu vorliegenden Schriften und Faltblättern.

Anzufordern bei:
Bürgerinformationsstelle des Bayerischen Staatsministeriums für Landesentwicklung und Umweltfragen, Rosenkavalierplatz 2, 81925 München (Tel. 089/9214-3166).

Bildnachweis (Seitenzahlen in Klammern)

ADAC (207); Fa. AKZO (144); Bayerisches Geologisches Landesamt (69, 73, 75, 76); Bayerisches Landesamt für Umweltschutz (110, 163, 195, 201,240); Bayerisches Landesamt für Wasserwirtschaft (93, 97); Bayerisches Staatsministerium für Bundes- und Europaangelegenheiten (255); Bayerisches Staatsministerium für Ernährung, Landwirtschaft und Forsten (54); Bayerisches Staatsministerium für Landesentwicklung und Umweltfragen (38, 56, 95, 107, 188, 204, 212); Bayernwerk AG (197, 233); BlfA (181); F. Flade (237); E. Garnweidner (67), R. Grebe (16); GSB (190); GSF (113); Fa. Haindl (224); Isar-Amper-Werke AG (145); H. Krusch (25); K & U (13, 64, 66, 211); Landesgartenschau Hof GmbH (215); D. Nolte (159); Photographischer Dienst der EG (251); Regierung von Mittelfranken (67); J. Ring (157); H. Schindler (33); M. Schwarzbeck (149); Schweisfurth-Stiftung (165); Staib (161); v. Voithenberg (124, 133); Wasserwirtschaftsamt Kempten (98); Wasserwirtschaftsamt Traunstein (209); ZAK Kempten (178); Zeitbild-Verlag (146); Zentralverband der Schornsteinfeger (120); D. Zernecke (90)

Hinweis